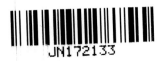

新・保育実践を支える

環境

吉田 淳・横井一之 編著

福村出版

まえがき

子どもは誕生した瞬間から周囲の環境から影響を受けたり，環境そのものに働きかけたりして成長する。家族をはじめとする人的環境，自然環境や周囲のさまざまな物的環境，また，テレビやインターネットなどによる情報にも接する機会が多い。幼稚園や保育所では，家庭から離れ子どもが保育者や他の幼児とともに，幼稚園の環境の中で意図的計画的な教育課程を，保育所と認定こども園では全体的な計画に基づく保育指導により成長する。平成29年に告示された「幼稚園教育要領」「保育所保育指針」「幼保連携型認定こども園教育・保育要領」は，乳幼児期の教育及び保育の目的・目標として，幼児教育において育みたい資質・能力及び「幼児期の終わりまでに育ってほしい姿」が示された。遊びを通しての総合的な指導，すなわち，環境を通して行う教育により，「知識及び技能の基礎」「思考力，判断力，表現力等の基礎」「学びに向かう力，人間性等」を育成することが求められている。

幼児期の教育と保育を通して，「健康な心と体」「自立心」「協同性」「道徳性・規範意識の芽生え」「社会生活との関わり」「思考力の芽生え」「自然との関わり・生命尊重」「数量や図形，標識や文字などへの関心・感覚」「言葉による伝え合い」「豊かな感性と表現」の10の姿の育成が期待されている。幼児教育では内容の5領域全体を通してこれらの姿を実現することを図るが，領域「環境」の果たす役割は極めて大きい。

本書では，領域「環境」をどのような背景で取り扱えばよいかを，理論面と実践面から保育者に理解できることを目指した。環境とかかわる意味や，領域「環境」の指導計画，ねらいと内容，乳幼児の自然認識の発達とともに，領域「環境」で取り扱ってほしい教材等を解説している。0歳児から5歳児までの保育の実際を具体的に述べているので，大学等での保育者養成段階だけでなく，日々の実践の改善を目指す保育者にも参考にしていただきたい。

2018年1月　　　　　　　　　　　　　　　　　　　　編者一同

目　次

まえがき (3)

1章　保育における「環境とかかわること」の重要性 …… 9

1節　乳幼児における環境とのかかわり …… 9

2節　自然環境とのかかわりの重要性 …… 11

3節　幼児教育における5領域の総合的関連性 …… 12

4節　領域「環境」における実現したい具体的な内容と活動 …… 16

2章　領域「環境」の指導計画とその展開 …… 22

1節　全体的な計画の作成 …… 22

1　全体的な計画の作成 (22)

2　領域「環境」と全体的な計画 (24)

3　小学校との連携 (26)

4　カリキュラム・マネジメント (30)

2節　領域「環境」の指導計画と展開 …… 30

1　指導計画作成上の留意点 (30)

2　年間指導計画の作成と展開 (33)

3　月の指導計画の作成と展開 (36)

4　週案・日案の作成と展開 (38)

5　家庭・地域との連携と行事 (43)

3章　領域「環境」のねらいと内容 …… 45

1節　明治期初期のねらいと内容 …… 45

2節　明治期から大正期(4項目時代) …… 46

3節　昭和初期(5項目時代) …… 47

4節　第2次世界大戦後から昭和時代末まで……48
1　幼稚園教育要領（48）
2　保育所保育指針等（50）
5節　平成時代以後（5領域の時代）のねらいと内容……53
1　幼稚園教育要領（53）
2　保育所保育指針（54）
3　幼保連携型認定こども園教育・保育要領（55）
6節　現行幼稚園教育要領のねらいと内容……56
7節　現行保育所保育指針のねらいと内容……60
8節　現行幼保連携型認定こども園教育·保育要領……61
4章　乳幼児の自然認識の発達と領域「環境」……63
1節　「環境としてのもの・人」を求める存在としての赤ちゃん…63
2節　「ものとの出会い」……64
1　ものへのアプローチ（64）
2　ものが発する意味（65）
3節　人との出会い……66
1　自ら人を求める（66）
2　共に見て共有する（67）
3　もの（環境）を媒介としたコミュニケーション（68）
4節　自然との出会い……69
1　みんな生きているという感性（69）
2　生き生きとしたとらえ（69）
3　死を理解するということ（70）
4　死を目の前にして（71）
5節　子どもの育ちを支える保育者……73
1　センス・オブ・ワンダー（73）

2　自然と子どもの架け橋として（74）

5章　領域「環境」で扱うもの …… 77

1節　自然を取り入れたもの …… 77

1　身近な小動物とのかかわり（77）

2　身近な植物とのかかわり（87）

3　身近な自然の事物や現象とのかかわり（94）

4　自然物で遊ぶ（102）

2節　遊具・素材 …… 109

1　遊具・玩具（110）

3節　食を取り入れたもの …… 127

1　各国の食文化とのかかわり（128）

2　栽培した果物を使った食べ物など（130）

4節　天候等 …… 132

1　天候（132）

2　太陽，月，星座（133）

3　二十四節気と季節行事（134）

6章　保育の実際 …… 140

1節　0歳児の保育 …… 140

2節　1歳児の保育：室内でのおもちゃ遊び …… 148

3節　2歳児の保育：砂遊び …… 156

4節　3歳児の保育 …… 162

1　ウサギ・インコとのかかわり（162）

2　植物とのかかわり（169）

5節　4歳児の保育 …… 177

1　ダンゴムシとのかかわり（177）

2　スクーター（182）

6節　５歳児の保育 ……………………………………………………………………… 189
1　ハムスターの飼育を通して（189）
2　伝統文化に親しむ（195）

資料（204）
索引（208）

1章 保育における「環境とかかわること」の重要性

1節　乳幼児における環境とのかかわり

乳幼児は誕生した瞬間からさまざまな環境の中に存在し，それらとかかわることで成長・発展する。寒さ暑さから身を守るために衣服をまとい，母親が授乳することで必要な栄養を得る。この時期は母親がすべての環境であり，母親との密接なかかわりを通して周囲の環境の範囲を拡大する。家族とのかかわりや食べ物，周囲のものとのかかわりは，乳幼児の成長を促すとともに，乳幼児の生理的欲求を満たすだけではなく，周囲からのさまざまな刺激を感じそれらに反応しながら，環境に適用していく。しかし，家庭における環境は各家庭でそれぞれ異なり十分に満たされる場合だけではない。

乳幼児にとっては，家庭おける環境は多様であるが，幼稚園や保育所における環境は意図的・計画的に組織設定される。当然，幼稚園や保育所においても各園の条件や方針の違いにより，環境構成にはさまざまな特徴がある。乳幼児期の保育や教育は，環境を通して行うことを基本としている。乳幼児たちはどのような対象に関心を持ち，自らそれらにかかわろうとする意欲を持つかは，乳幼児のこれまでの体験や関心によりその活動が異なる。保育者がどのような環境づくりを行い，どのように乳幼児の活動を支援するかによって，この時期の乳幼児の発達に与える影響は異なり，それ以降の小・中学校教育や教科学習などの指導にも影響する。すなわち，乳幼児期の自発的活動が，感性を働かせよさや美しさ，不思議さなどに気付かせる。乳幼児期のさまざまな活動が基礎となり，小･中学校のすべての学習の基本的資質能力として，「知識･技能」「思考力・判断力・表現力」「学びに向かう関心・意欲」などの発達に発展する。

環境の構成は，教師が事前に準備しておく教材や子どもの活動を支える保育者や，その子どもにかかわる周囲の子どもたちなどを含めた，子どもを取り巻く環境の総体を考慮しなければならない。すなわち，保育者や周囲の子どもも環境の一部としてとらえた環境の構成が重要である。

乳幼児が主体的に働きかけることができる環境については，物的環境（遊具，園具など），自然環境（動植物，天候など），人的環境（保育者，友だちなど），社会文化的環境（行事，情報など）などを考慮して指導計画に設定する必要がある（**図１－１**）。環境領域のねらいを実現するためには，どのような内容を取り上げ，具体的な活動としてどのように展開するかを，１日単位，１週間単位の短期的な指導計画で設定するよりも，季節や乳幼児の実態を考慮して１ヵ月単位，期単位など中長期計画の中で検討するべきである。その中で，乳幼児の自然環境や人的環境などとのかかわりを深め，そのかかわり方が変化することを構想することが大切である。

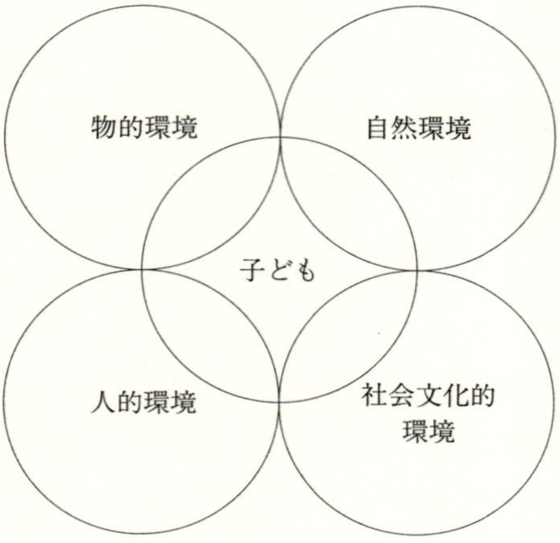

図１－１　乳幼児を取り巻く環境

2節　自然環境とのかかわりの重要性

家庭における生活空間から身近な自然環境とのかかわりが薄れていると指摘されるようになって久しい。室内では冷暖房の完備が当たり前となり暑さや寒さを感じることなく快適な生活を営むことが一般的になってきた。また，周囲の野原の自然に接することも遠のいて季節感も薄らいでしまっている。家庭では大人の感覚から，土砂や小動物は汚い，怖いなどの考えから，乳幼児が身近な植物や小動物，土や砂に直接触れる機会を与えられない状況にある。乳幼児の段階から自然環境から隔離し人工物の中で成長すれば，人間の本来の感覚や感性を育てることができない。乳幼児の生活環境において「自然離れ」が進むことが，日本人としての感覚や感性の成長に与える影響は少なくない。

日本では，乳幼児が誕生から成長する中で日本の四季の変化に触れ，冬の寒さや夏の暑さを体験することや，春の芽生えや色とりどりの花の美しさ，虫の鳴き声による季節を感じ，自然の恵みや恩恵，不思議さや巧妙さに触れ，感じることが必要ではないだろうか。豊かな自然に触れる体験を重視し，生命を大切にする気持ちや自然を愛する心情を培うことを大切にしたい。

保育所や幼稚園では，積極的に具体的な自然に直接触れる体験を通して，乳幼児が自然環境の中でのびのびと成長することが期待される。乳幼児は，身近なさまざまな環境に興味や好奇心が芽生え，じっと見つめたり，その中で自然の美しさや巧妙さを感じたり，ある時には自然の厳しさを感じたりすることで，自然やさまざまな環境についてとらえ，考える基盤ができる。小学校では生活科や理科などの教科で自然の事物・現象を具体的に取り扱うが，幼児の段階から自然や環境とかかわる原体験があり，具体的な対象についての基本的な見方や考え方を持っていることが望ましい。しかし，幼稚園や保育所では植物などの栽培する環境を整備する時間と場所の確保が難しいことが多い。園庭の片隅に花の咲くホウセンカやヒマワリ，アサガオなどの種子をまいておけば，植物が成長する様子に触れることができ，幼児の植物への関心が高まる。土のある所にはダンゴムシやカタツムリなどの小動物を見ることができる。

動植物は成長し1年間を通して変化するが，園内外の事物であまり変化しない対象にも関心を持たせ，変化する動植物や天気に気付かせることで，身の回りには変化するものとほとんど変化しないものがあることを体験させることも大切である。乳幼児は，遊びや生活の中で変化しない対象を取り入れて活動することと，変化する事象でも活動に取り入れるとその変化を楽しむことができることを取り入れたい。暑いときには軽装になり水に触れる感触を楽しんだり，寒いときには防寒のために衣服を調整し温かい食べ物を喜んだりすること。雨や雪が降っているときの様子やそのときの感覚は人が本来持っているが個人差が大きい。保育者とともに感じ言葉や行動で共有することで乳幼児の感性が豊かになる。生活や遊びの中で，さまざまなものの形や色，大きさ，手触りを感じること。虫や鳥の鳴き声を聞いたり，それを真似たりすること。さまざまなものをたたいて音を出すこと。木の葉に触れてつるつるしている，ざらざらしているなどの感触を体験すること。花や草のにおいをかいで楽しむことなど，乳幼児のさまざまな感覚を豊かにする活動が自然の事物・現象に対するとらえ方を豊かにする。

3節　幼児教育における5領域の総合的関連性

乳幼児期の教育は，子どもの発達に応じて行うべきであるが，その時期に発達課題を実現するように指導計画を設定するべきである。乳幼児が自ら周囲の環境に働きかけ，主体的自主的にさまざまな活動に取り組みながら，自らの発達に必要なものを獲得する。この活動の特徴は，小学校の教科のように目標や対象が限定されるのではなく，子どもを取り巻く環境全体が子どもの生活や遊びの中で総合的にかかわりながら深まっていく。ここで述べる環境とは，領域「環境」だけではなく，子どもを取り巻くすべての環境との意味あるかかわりの展開である。すなわち，保育における環境による教育では，**図1－2**に示す

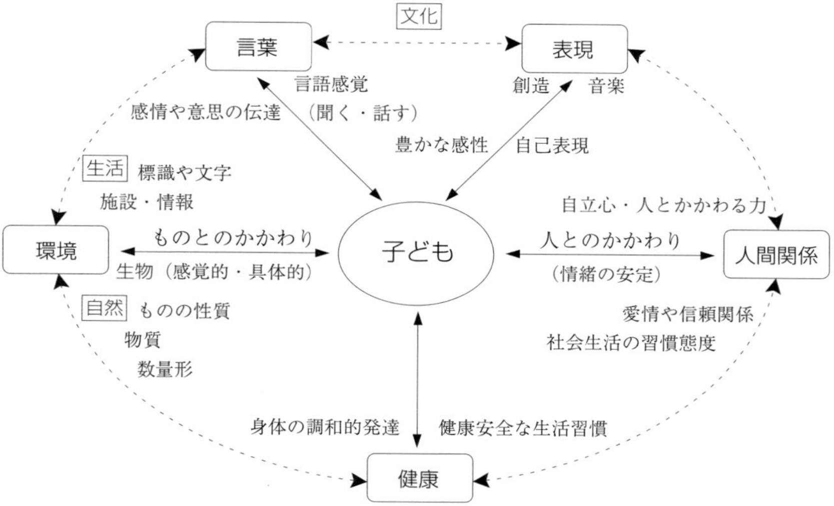

図1－2　子どもを取り巻く環境と５領域の総合的指導

ように，子どもが自らさまざまな領域に関する活動を総合的，関連的に繰り広げる中で，各領域のねらいを実現するように構成することが求められる。

子どもは生まれたときからさまざまな環境に取り囲まれている。家族はもっとも大切な環境であり，その中でさまざまなことを認識していく。保育者や友だちとの適切な人間関係の構築を図りながら活動を展開することから，周囲の環境に働きかけ，友だちと共有共感できることが大切である。一人遊びでは継続できない活動でも，２人３人と友だちとかかわることで，より深い追究ができるようになる。すなわち，保育者，友だちといった信頼関係のある人とのかかわりを通して，安定して活動を継続するのである。その中で，あるときには協力し，あるときには対立することで，物や人にかかわる力が深化し，やがて自立しようとする基盤ができる。

(1) 自然の事象や周囲のものとかかわるとき，はじめの段階では言葉はあまり必要ではない。事象に対する経験があれば，それをなぞり同じような活動を繰り返すが，他の動きやイメージがわくと，これまでとは異なる活動に展開する。このとき，イメージや活動を言葉で表現し，保育者や友だちに伝えることでそれを共有することができれば，友だちとともに遊び，意思疎通を図る。例えば，四角の木片を自動車に見立てて「ブーブー」と動かせば，乳幼児同士のイメージの共有が図られる。保育者が「トラックみたい」と支援すれば，言葉と行為が合わさって「トラックのイメージ」ができる。環境の活動において，さまざまな対象をイメージと行動に言葉が与えられると，言葉の意味や行為の意味として獲得する。このような段階から，さらに，言葉の組み合わせや言葉によるイメージや行動の表現が言葉の発達や言語感覚を養うことになる。

(2) 年中年長児になると，周囲のさまざまなものの仕組みや働きに関心を持つようになる。おもちゃのスイッチやハンドルの動かし方や仕組みに関心を持って繰り返して遊ぶことや，シャボン玉をうまく作ることができると吹き方を工夫し，大きいシャボン玉や小さいシャボン玉を工夫して遊ぶことができる。友だちと見せ合って競争することで，伝えたり教え合ったりするなどコミュニケーションも活発になる。

(3) 日本には四季の変化があり，自然の姿が大きく変化する。新学期の前後には西日本から東日本にかけてはサクラが咲き，サクラが散ると新緑の季節を迎える。北日本では約１ヵ月遅れるがサクラの他のさまざまな花が一斉に咲き，春は一気にやってくる。このように，南北に長い日本では季節の変化に差違はあるが，それぞれの地域で春らしさや夏らしさがある。身近な現象にも四季に応じてさまざまな変化があり，年間を通してサクラの木などを観察すると，実に多様な姿が見られる。日本人の季節感は自然の変化と生活の変化を関連させながら，さまざまな営みがある。小動物や野鳥も季節によって変化する。このような自然の事象に気付くことから自然の素晴らしさや偉大さ，巧妙さを感じることは，日本人の原体験として触れさせるべきである。

(4) 数量や図形にも関心を持ち，具体的なものを比較し同じ数，大きい数，同じ量，多い量などの感覚が生まれる。このときも，「自分のもの」を判断の基準として比較しながら，言葉で表すことができる。また，周囲のさまざまな標識や記号，文字にも関心が高まるようになると，その意味を問うことで理解したり，その記号や文字を人に伝えたりするようになる。

(5) 生活にかかわる国民の祝日や行事などをテレビで見たり実際に触れたりすること，地域の祭りや行事に参加することなどを通して，国や地域社会の文化や伝統にも関心を持ち始める。特に，地域の祭りは幼児にとっても楽しい体験であり，園内の行事に取り込んで遊ぶ姿も見られる。また，園内外の行事などでさまざまな国旗を見ることから，国旗と国の関係に関心を持つことも大切にしたい。

(6) 環境とのかかわりが豊かになると，言葉で伝え共有することだけではなく，自分なりのとらえ方で音楽表現したり絵として表現したりする。自分が見たものをイメージとしてとらえ，線画やそれに色をつけて表し，その意味を言葉で説明する。独自に歌や音楽として表現することや感情を込めて歌うことも大切である。次第に，自分の感情や意思をさまざまな形で表現することは，豊かな経験があればこそ可能になる。

環境領域では，身の回りのものや現象を対象としている。子どもは身の回りのものに触れ合う中で興味・関心を持ち，積極的にかかわる活動を通して不思議さや面白さ，美しさなどに気付くとともに，その現象のイメージを記憶したり，その中に潜む規則性を発見したり考えたり，生活や遊びに取り入れ楽しむことを目指す。特に，自然環境との直接的な経験は，この時期の子どもの成長にとって重要な意味があり，この時期の活動で得た感覚やイメージが小学校以降の自然を対象とする原体験として欠くことができない。この領域では，子どもが身近な事象を見たり，考えたり，扱ったりする中で，ものの性質や数量，形，文字に対する感覚を豊かにすることも重要なねらいである。

4節　領域「環境」における実現したい具体的な内容と活動

乳幼児期の子どもの活動が，小学校以降の教科学習や道徳，人間関係にもさまざまな影響を与えることが明白である。人はさまざまな経験を通して五感で感じながら，外界の事象について気付き，その特徴から区別したり，比較したり，その根拠を考えたりする。乳幼児の教育において実現させておきたい環境に関する15の活動を挙げる。

1　感覚を豊かにする体験活動

人が本来持っている五感（視覚，聴覚，触覚，臭覚，味覚）を働かせ，さまざまな対象による違いを感じ取れるようにしたい。視覚は人が最も多くの情報を得る感覚であるが，形や色，大きさなどを総合的にとらえることで，それらが同じか,似ているか,異なるかを判断しながら活動する。身の回りのおもちゃや道具などを使いながら，それらの関係を比較することや，時間経過とともに変化する色や形に変化があることに気付く活動が求められる。聴覚は，人の会話や音楽の他，自然の音（虫や鳥などの声，風の音），人工的な音（楽器やたたいたときの音など）を聞き分けることが必要である。多くの音の中から注意して聞くことで，その内容を聞き分けることを大切にしたい。触覚は，冷温などの温度刺激や硬い，柔らかいなどの手触りなどを区別すること。同時に，見た目と手触りの関係についてもさまざまなものを使って関連づけることが必要である。臭覚は味覚とともに，動物にとって重要な感覚であるが，人の臭覚や味覚は退化している。本来，よい匂いだけではなく刺激臭や異臭などに対する体験を通して，安全を確保する意味でもそれらの区別が可能になることが必要である。また，味覚に関しては口にものを入れることで感じる刺激なので，安全面を考慮してさまざまな味覚を感じることで，甘いだけではなく辛い，苦い，酸っぱい，渋いなどの味覚を少しでも味わわせたい。味覚は，幼児期から成長するに伴い味覚の嗜好は変化する。幼児期にふさわしい味覚を体験することがその基盤を作ることになる。

2　植物に接し，親しむ経験

植物の不思議さは，種子の発芽から成長，開花，結実に至る変化を身近に見られることである。アサガオやヒマワリ，ホウセンカなど育てやすい草花を用いて，子どもには，小さい種子を土に植えると，発芽する不思議さ，成長するときの大きな変化，花が咲いたときの美しさ，実ができることなど，花壇やプランターなど観察できるようにしておけば，子どもが発見して気付くことができる。ミニトマトやキュウリなどは比較的容易に栽培できる。人は，植物の実などの「命」を食べて生きていることも伝え，生命の大切さと恩恵を受けていることにも触れたい。また，ドングリなどの実を用いたり木の葉を利用して造形活動を展開することも，それぞれの植物の特徴を理解する基礎になるので，経験させたいところである。

3　動物を世話したりする経験

小動物のうち，特にウサギやハムスターなどのほ乳類を見たり，世話をしたりする活動は重要である。自分と同じように食物を食べ，運動し，排泄することに気付き，生物を愛護する気持ちを持たせることを活動へつなげたい。よく，絵本で動物の様子や世話することに触れることがあるが，実物の動物は子どもが思うように抱かせてくれないし，適切に世話をしないと死んでしまう。この現実の姿を直接経験することで，動物の生活の姿を実感できる。これもまた，生命の大切さや不思議さ，畏敬の念を持たせる契機となる。ダンゴムシやコオロギを捕集することはできても飼育を継続することは難しいので，しばらく親しんだ後は元の場所に戻すようにする。

4　四季の変化に気付く経験

日本人の自然観は四季の変化の中で生活し，秋などになると穀物などを収穫することを繰り返してきたところから心の奥底に形成される。動物の変化よりも四季を通して身近な植物の変化を何度も見ることで，１年間の変化から四季の移り変わりを感じさせたい。収穫期になると地域のお祭りに参加したり，それを見本にして園内で収穫祭を行ったりするなど，子どもたちが四季の変化と生活の様子や，寒さや暑さからどのように身体を守っているかなどを考えさせることも大切である。長い間の活動なので，絵本や図鑑などを適切に使って，別の季節の様子を振り返り比較することも有効である。

5　砂や土に触れて遊ぶ活動

砂場は子どもたちにとってきわめて興味深い活動の場である。素手や素手で山をつくり，トンネルを掘る。時には水を流して川としてトレイなどを浮かべて遊ぶことは，子どもが自由に発想し実現できる活動として重要である。砂だけでは丸めてダンゴにすることは難しいが，土や泥を適度に混ぜるとダンゴや他の形のものを創作できる。粘土を使って思い思いのものを作る活動は，子どもの発想を実現し，さまざまな工夫を加え実現させるなど，創造的な活動が可能になる。

6　身近な材料を使ってものを作る経験

既成のおもちゃが多い家庭では，木片などのさまざまな素材を使って組み合わせて思い思いの形のものを作ることは，子どもの想像力を高める。木片や空き箱から，自動車や家，まちづくりまでも発展できる。折り紙を使って花の形を作ったり，モールなどを補材として取り入れると作成したい意欲が高まり，よりよいものへ工夫する。この経験は，小学校以降にも図画工作や生活科におけるものづくりへも展開する。ものづくりの素材を普段から収集し，子どもがそれらに触れると，自由な発想でつくり，作る喜びを味わうことができる。

7　水を感じる経験

子どもたちにとって夏は水に触れて快く感じる季節である。ミニプールなどで水の中に入り，冷たい感触や濡れたときの感触を味わわせる。秋になると，同じ水がすごく冷たく感じることやぬるま湯になると気持ちがいいことなど，さまざまな時季に冷たい水や温かい水に触ることは感覚を豊かにするためにもよい。冬になって水たまりにできる氷，雪も温かいところでは水に戻ることも経験させたい。植物への水やりは，水道の水をジョロに入れると重くなり，植物の根の周りにかけると土にしみこむなど，水はさまざまな形に変化することに気付かせたい。

8　天気の変化を知る経験

日本は四季の変化とともに天気の変化も大きい。太陽が照りつける快晴から，大雨や雪など季節ごとで特徴的な天気がみられる。運動会や遠足などの行事の前に天気予報を見たり話したりすることも子どもの関心が高まる。晴れているときの雲の様子も季節によって大きく異なり，夏のモクモクした入道雲（積乱雲）の形が次々と変化していく様子や，秋の高いところにできる鱗雲《うろこぐも》など，雲の形や動きの不思議さに気付かせたい。天気の変化は植物や動物の活動にも影響する。保育者が気付いたところでそれらが関連していることを話すことも天気の変化についての関心が高まる。

9　簡単な道具などを使う活動

幼稚園や保育所には，さまざまな道具や器具があり，多くの場合は保育者が使う。安全を確認した上で保育者の立ち会いの下，子どもが身近な道具や器具を適切に使い，その機能や仕組みに関心を持つ体験は重要である。清掃器具や遊具などの出し入れについても保育者とともに行うことで，物を大切に使う気持ちが高まる。道具を使うことで，さまざまな物を扱うスキル（器用さ）も獲得するようになる。

10　数量や図形を扱う経験

幼稚園や保育所には，さまざまな形の積み木や道具がある。紙面上の図形ではなく，丸い形や四角，三角のさまざまな形のものを扱うことで，図解による特徴や違いについての感覚が豊かになる。数量についてははじめから大きい数を扱うことはできないが，具体的な物を使って数を比較したり同じ数に合わせるなどの活動や，水などを同じ形の器に入れたとき，中に入っている水の量を比較するなど数量に関する経験を重視することで，数字や記号などにも関心を持つようになる。

11　生活に関連する施設を体験する

幼稚園や保育所内外，自宅の周辺にもさまざまな施設がある。駅や学校，スーパーマーケットなど生活に関連する施設は，家族と訪問していることが多いので，何が行われているかを知っていることが多い。この他に，公民館や市役所などの公共施設は重要であるが，幼児にとっては理解しがたい施設である。図書館や博物館などがある場合は，是非，訪問してどのようなことができるかを保育者などから話すこと，また，消防署や警察署（交番）は，生活や人を守る大切な施設として体験したり，署員からの訪問などによりその役割に関心を持たせるようにしたい。

12　人とかかわり共感する経験

幼稚園や保育所内において，保育者は一人一人の幼児の特徴を理解し，担当していないクラスの幼児への働きかけもできる。幼児はまずクラス担任とのかかわりの中で，信頼関係ができ，次第にクラスの気の合う友だちに親しむようになる。保育者やクラスの友だちとの関係ができはじめて各領域における活動が展開できる。一人の不安な状態から何人かの集団（仲間）になって，安心して多くの活動に挑戦できる。クラスにはどうしても仲間との関係をうまく構築できず，保育者のみとしかかかわれない幼児もいる。無理強いしない範囲で仲間として集団に参加する，かかわる，共感する経験を持たせることが重要である。

13　我が国の伝統的行事や遊びについての経験

我が国の長い歴史の中で，地域の独自な文化的行事が存在する。夏や秋の祭りだけではなく，比較的新しく開発された地域で起こした祭りもある。幼児期においても積極的に参加し，地域の伝統や文化を体験することが地域社会の文化への気付きにつながり，その中で生活していく意欲や活力になる。宗教色の強い場合もあるが，その中での遊びを園内の活動に取り入れることで，地域に溶け込む契機になる。

14　異なる文化に触れる活動

世界にはさまざまな民族がありそれぞれの文化を有している。テレビなどで取り上げられ，その特徴を知ることができることもある。言葉や文化の違いは，考え方にも大きな影響を与える。地方においても，働く外国人の子どもが通園することもあり，外国人だからといって差別するべきではなく，それぞれの文化や考え方の特徴を理解することが求められる。幼児期では，異なる文化に触れる機会があれば，それにより違いを認めながら共生する基盤を作ることが大切である。幼児期からの異文化理解はこれからの国際化社会にも対応できる基礎を培う契機になる。

15　気付いたことや感じたことをさまざまな方法で表現する

環境の中で，自然環境は子どもから働きかけなければ変化しない存在である。子どもが事象に触れ，感覚的なとらえと自分自身の経験とを関係づける。たとえ少ない経験でも，似ている経験を思い出して比較する。まずは，同じ事象の部分に目を向け，他の部分にも目を向けるとその違いに気付いたり感じたりする。保育者や友だちからの働きかけで，その違いが認められると，他の人に伝えようと表現する。言語能力の発達に伴い言葉による表現に依存するが，初期の段階では，うなずきや指さしなどで違いを伝えることがある。さらに，簡単な絵を描いたり，動作などを交えて表現する。保育者も他の子どももそれを理解できないことも多いが，自らの方法で表現するようにし，それを受け入れて認めることが大切である。

2章 領域「環境」の指導計画とその展開

1節　全体的な計画の作成

1　全体的な計画の作成

幼稚園や保育所，認定こども園においては，その園での保育期間全体を見通した全体的な計画を作成し保育を実践している。作成にあたっては，幼稚園教育要領や保育所保育指針，幼保連携型認定こども園教育・保育要領をもとに，乳幼児の発達過程や在園児の発達状況，保育目標，地域や家庭の実態や要望，保育者の保育観などを含めて検討し，発達過程区分（または学年）ごとに「ねらい」や「内容」を整理して作成する。幼稚園は学校教育施設であるので教育課程を中心とした計画になっているが，保育所は児童福祉施設であり，「教育」に加えて「養護」を含めた内容が記載されている。

この全体的な計画を見れば，その園ではどのような子どもの育ちを重視しているのか，在園中のどの時期にはどのような「ねらい」をもってどのように保育されるのかという，保育目標や方針，保育内容などが分かるものとなっている。園の各保育者にとっては保育を実施していくうえで基本となるものであり，作成された計画に沿うことで，年齢やクラスを越えても園として一貫性のある保育が可能となる。また，子ども一人一人の発達状況や生活の様子を理解し長期的見通しをもちながら的確なねらいをもって援助を行ううえで，欠かせないものである。一方，保護者や地域にとっては，園の保育方針を知る貴重な文書といえるであろう。

保育における「ねらい」について，2017（平成 29）年に改訂された幼稚園教育要領では「幼稚園教育において育みたい資質・能力を幼児の生活する姿から捉えたもの」であるとし，「内容」は「ねらいを達成するために指導する事項」と記されている。また，保育所保育指針では，教育に関する「ねらい」について「第１章（総則）に示された保育の目標をより具体化したもの」であり「保育を通じて育みたい資質・能力を，子どもの生活する姿から捉えたもの」としている。「内容」は「『ねらい』を達成するために，…（略）…保育士等が援助して子どもが環境に関わって経験する事項」と記されている。なお，養護と教育との関係については「実際の保育においては，養護と教育が一体となって展開されることに留意する」ことが求められている。

幼児教育を行う施設として育みたい資質・能力について，幼稚園教育要領等では，以下の３つをあげている。

⑴ 豊かな体験を通じて，感じたり，気付いたり，分かったり，できるようになったりする「知識及び技能の基礎」

⑵ 気付いたことや，できるようになったことなどを使い，考えたり，試したり，工夫したり，表現したりする「思考力，判断力，表現力等の基礎」

⑶ 心情，意欲，態度が育つ中で，よりよい生活を営もうとする「学びに向かう力，人間性等」

そして，「幼児期の終わりまでに育ってほしい姿」として，「健康な心と体」「自立心」「協同性」「道徳性・規範意識の芽生え」「社会生活との関わり」「思考力の芽生え」「自然との関わり・生命尊重」「数量や図形，標識や文字などへの関心・感覚」「言葉による伝え合い」「豊かな感性と表現」の 10 項目について，具体的な姿を説明している。これらは，全体的な計画を作成し長期的な視点をもって保育を実践していく上で，目指すべき方向性を示している。

以上のように，保育では乳幼児期に育みたい資質・能力である「ねらい」を明確化し，意図的な援助・指導が求められている。そのためにも保育の基盤となる全体的な計画の作成は重要である。

2　領域「環境」と全体的な計画

全体的な計画を作成する際には，子ども理解に加えて，5領域及び養護の「ねらい」「内容」の理解と，関連する発達過程の理解が欠かせない。領域「環境」における「ねらい」「内容」については次の3章を，発達過程については4章の詳しい説明を参照されたい。

幼稚園教育要領等の領域「環境」に示された通り（右頁参照），乳幼児は身の回りの自然や事象，遊具や生活用品などさまざまなものと触れて生きている。これらさまざまなものに好奇心や探究心をもち主体的にかかわる中で，興味や関心を広げ，美しさや不思議さに心を動かしたり，発見する喜びや試す面白さ，考えたり工夫したりする楽しさを実感し，物とかかわることへの嬉しい気持ちを身に付けていく。それと共に，物の特徴や性質を体験的に理解し，納得し，自分の生活や遊びに取り入れてさらに生活を豊かにしていく。単なる正確な知識の獲得や文字･数の習得ではなく，興味や関心をもって自ら対象にかかわり，自分の必要感から活動を展開したり追究したりしていくことが乳幼児にとって意味があり，発達を支えていくことにつながる。

では，そのような資質・能力を育むためには，どのような環境を用意すればよいのか。また，保育者の指導・援助はどうすればよいのか。

ここで少し具体的に考えてみたい。例えば，砂場での遊びは乳幼児の発達と共にどのように変化していくだろうか。

1歳前後の初めて砂場に出てきた乳児は，砂の上に座り込んで砂を手で触ってそのざらついた感触に驚いたり，カップやスコップを触ってみたりするだろう。保育者やほかの幼児を模倣して，砂をすくってカップに入れようと試みたり，乾いた砂と湿った砂，水を含んでどろどろになった砂など，その違いを触ったり見たりして驚いたり不思議に思ったりするかもしれない。

2歳頃になると，保育者が型抜きした砂の固まりを手や足で崩したり，キックカー（乗用玩具）などの車に砂を積んで走らせたりして楽しむ様子が見られる。器に砂を入れたり出したり，固めたり崩したりして，砂の形が千変万化する不思議さを楽しんだり，トラックの運転手になって砂を運搬していくイメー

○環境
　周囲の様々な環境に好奇心や探究心をもって関わり，それらを生活に取り入れていこうとする力を養う。

○ねらい
　①身近な環境に親しみ，自然と触れ合う中で様々な事象に興味や関心をもつ。
　②身近な環境に自分から関わり，発見を楽しんだり，考えたりし，それを生活に取り入れようとする。
　③身近な事象を見たり，考えたり，扱ったりする中で，物の性質や数量，文字などに対する感覚を豊かにする。

（幼稚園教育要領，保育所保育指針（3歳以上児）の領域「環境」より）

ジを楽しんでいるのだろう。

3歳頃には，自分で型抜きをしたり泥だんごづくりをしたりする様子も見られるようになる。また，砂に水が浸み込む不思議さや高所から低所へ砂や水が流れていく面白さ，水が砂を押し流していく面白さなどに気付き，さまざまに試す様子が見られる。さらに，バケツに砂や水を入れて運ぶことなどを体験する中で，量と重さとの関係に気付き始める。

4歳頃では水で砂が固まる性質を利用して山やトンネルづくりを楽しんだり，砂場に穴を掘って水を溜めたりするなど，次第に活動が大規模になってくる。また，水で溶かした砂をコーヒー牛乳に見立てたり，ケーキや料理を作るときに砂や葉っぱ，小枝などを利用したりするなど，ごっこ遊びでも砂は活躍し，友だちとのかかわりも盛んになってくる。

5～6歳頃では，数人の仲間と共に筒や板なども使って大規模な土木工事を楽しみ，砂の強度や水の流れ方を注意深く確認する様子や，目的に沿った材料の使い方を工夫する様子が見られる。目的に向かって仲間と意見を出し合い，役割分担をし，試行錯誤をし，新たなアイデアを取り入れ，再び挑戦してみる。

時には数日にわたって活動が継続することもある。このように自分たちの能力を最大限に発揮して，物を使いこなして楽しく活動する姿が見られるようになる。

もちろん，年齢によってその遊び方しかしないわけではない。しかし，遊びが変化していく様子を知り，長期的に見通しながら，その発達状況に応じた適切な援助や環境構成を行うことが重要なのである。例えば，砂場での遊びに使用するスコップの数や大きさも，年齢によって，また遊び方によって配慮する必要がある。保育者のかかわり方も，幼児が模倣するモデルであったり，幼児の思いに寄り添って困っている場面で手助けしたり，幼児と共にアイデアを出す仲間であったりと，発達状況に応じて意識しながら援助していく必要がある。その時に根幹となるものが，どのような「ねらい」をもって保育するかということなのである。

乳幼児を取り巻く事物や事象は5章で取り上げられているように広範囲におよぶ。乳幼児がそれらの環境と幸せな出会いをし，豊かな心情を身に付けるためには，乳幼児の運動機能や思考力，社会性などさまざまな発達状況を見定めた適切な環境の構成が求められる。長期的な見通しをもって発達過程に沿った「ねらい」を明らかにし，その達成に向けての環境構成や援助を行うことが重要である。食育計画や保健計画なども関連させながら，どのような視点で保育していくのかをまとめたものが全体的な計画なのである。**表2－1**は全体的な計画の例の一部である。さらに各発達過程区分内を3～4期に区分して示す場合もある。

3　小学校との連携

学校教育法の第22条の幼稚園の目的に「幼稚園は，義務教育及びその後の教育の基礎を培うものとして，幼児を保育し，幼児の健やかな成長のために適当な環境を与えて，その心身の発達を助長することを目的とする」と記されているように，近年，幼児期の保育とその後の教育との接続や連携が重視されるようになってきた。

例えば幼稚園教育要領には，小学校教育との接続に当たっての留意事項とし

表2－1　全体的な計画の例（領域「環境」関連部分を抜粋）

区分	0歳児 （0～1歳）	1歳児 （1～2歳）	2歳児 （2～3歳）	3歳児 （3～4歳）	4歳児 （4～5歳）	5歳児 （5～6歳）
特徴	愛着と人見知りの時期	発語と探索の時期	自我の芽生えと模倣の時期	自己主張と自立への意欲が見られる時期	自己表出し，相手の思いを知る時期	目的をもち，力を出し合う時期
ねらい	○安心できる人的物的環境の下で，親しみや興味・関心をもち，自ら見たり触れたり探索したりしようとする。	○安心できる環境の下で身の回りのさまざまなものに触れ，戸外への好奇心や関心をもつ。 ○絵本や玩具等に興味をもち，それらを使った遊びを楽しむ。	○身の回りの小動物や植物，事物などに触れ，興味や好奇心をもち，発見を楽しんだり考えたりしようとする。 ○見る，聞く，触れるなどの経験を通して，感覚の働きを豊かにする。	○保育者と一緒に身近な動植物や自然事象に親しみ，自然に触れ十分に遊ぶことを楽しむ。 ○身近な社会事象や環境に興味をもち，模倣したりして遊ぶことを楽しむ。	○身近な動植物に親しみ，それらに関心や愛情をもつ。 ○身の回りの人々の生活に親しみ，身近な社会事象に関心をもつ。 ○身近な環境に興味をもち，自分から関わり，身の回りの事象や数，量，形などに関心をもつ。	○身近な動植物や自然事象に親しみ，その成長や変化に興味や関心をもつ。 ○身近な事物や事象と積極的にかかわり，見たり考えたり扱ったりする中で，物の性質や数，量，形，文字などに対する感覚を豊かにする。 ○友だちと共通の目的をもち，試したり，発見したり，工夫したりして遊ぶ。
内容	○保育者に見守られながら，玩具や身の回りのものに触れ，音，形，色，手触りなどに気付き，感覚の働きを豊かにする。 ○保育者と一緒に，さまざまな色彩や形のものや絵本などを見る。	○保育者に見守られながら，好きな玩具や遊具にかかわって遊びを十分楽しむ。 ○保育者の下で，自然物に自分からかかわり，戸外遊びを十分楽しむ。 ○玩具等をいじる，たたく，つまむ，引っ張る，転がすなどして遊び，その変化を楽しむ。	○保育者と言葉を交わしながら，身の回りの事物や親しみのもてる小動物・植物を見たり，触れたりして，興味，関心を広げる。 ○保育者と一緒に，水，砂，土，紙などの素材に触れて十分に遊ぶことを楽しむ。 ○保育者と一緒に簡単なごっこ遊びを楽しむ。 ○自他の物の区別に気付き，自分の物の置き場所が分かる。	○身近な動植物や自然事象をよく見たり触れたりなどして，驚いたり親しみをもったりする。 ○身近な人々の生活を取り入れたごっこ遊びを楽しむ。 ○生活や遊びの中で，色，形，数，量などに興味をもち，同じものを集めたり身に付けたりする。 ○行事に参加して興味を広げたり楽しんだりする。 ○疑問に思ったことを，保育者に「なぜ」「どうして」と質問したり一緒に考えたりする。	○園内の草花，木の実や葉，水・砂・土，小動物などの身近な自然・事物・事象に触れ，その美しさや不思議さに気付いたり，遊びに取り入れたりする。 ○身近な動植物の世話を楽しんで行い，愛情をもつ。 ○季節の変化に気付く。 ○お店や交通機関など身近な仕事に関心をもち，遊びに取り入れようとする。 ○生活や遊びの中で，色や形に興味をもって分類したり，順番，数，量の比較などに興味や関心をもつ。	○自然事象に親しみその性質を取り入れて遊んだり，動植物などの変化や大きさ，美しさ，不思議さなどへの関心を深める。 ○生活や遊びの中で，前後，左右，遠近などの位置の違いや，時刻，時間，数量，形，文字などに興味や関心をもつ。 ○消防署などの身近な公共施設や，身の回りの人々の役割に興味や関心をもつ。 ○行事などに喜んで参加し，季節の変化や祝祭日などへの関心を深める。

て,「幼稚園においては，幼稚園教育が，小学校以降の生活や学習の基盤の育成につながることに配慮し，幼児期にふさわしい生活を通して，創造的な思考や主体的な生活態度などの基礎を培うようにする」こと,「幼稚園教育において育まれた資質・能力を踏まえ，小学校教育が円滑に行われるよう，小学校の教師との意見交換や合同の研究の機会などを設け,『幼児期の終わりまでに育ってほしい姿』を共有するなど連携を図り，幼稚園教育と小学校教育との円滑な接続を図るよう努める」ことが記されている。また，保育所保育指針にも小学校との連携として同様の記述がされている。

領域「環境」は，数量や図形，文字など直接的に小学校入学後の学習内容に関連する内容を含んでいるだけではなく，周囲のさまざまな環境に対する好奇心や探究心，思考力の芽生え，主体的に取り組む態度など，学習の基礎となる資質・能力にかかわる内容を多く含んでいる。しかし，それは小学校教育の内容や方法を先取りして保育で実践すればよいということではない。むしろ，周囲のさまざまな環境と出会い，興味や関心，期待，疑問をもって，1人または友だちや保育者と一緒に,その乳幼児なりのやり方やペースで繰り返し体験し,その過程を楽しむことが乳幼児にとっての学びなのである。就学後に出会う新たな体験や学習内容に対しても，興味や関心をもって積極的に参加し，これまでの経験を基礎にして自分なりの発想や仲間の意見に耳を傾けたりしながら工夫を重ね，目的に向かって深めていく主体的・意欲的で粘り強い姿勢が各教科学習の基盤であり，乳幼児期からのこのような取り組みの積み重ねが必要であるといえる。保育者には，子どもたちがこのような取り組みをしたくなるような教材の提供や環境構成，保育者の態度などの援助方法の工夫が求められる。それだけに，保育者自身にも幅広い知識や好奇心，探究心などが子ども以上に求められる。

一方，小学校においても1つの教科に限定しない柔軟性や合科的な視点をもち，幼稚園や保育所等での経験を踏まえた授業実践に取り組むことが求められている。例えば小学校学習指導要領の総則には学校段階等間の接続が盛り込まれ，幼児期の終わりまでに育ってほしい姿を踏まえた指導を工夫することや,幼児期の教育を通して育まれた資質・能力を踏まえて教育活動を実施することが記されている。さらに，教科等間の関連を積極的に図り，幼児期の教育との円滑な接続を工夫すること，特に入学当初においては，幼児期において自発的な活動としての遊びを通して育まれてきたことが，各教科等における学習に円滑に接続されるよう，生活科を中心に合科的・関連的な指導や弾力的な時間割の設定などの工夫をすることが記されている。同様に国語や算数，音楽，図画工作，体育，特別活動においてもこれらの内容が記載されており，多くの教科で幼児期の教育との円滑な接続が求められている。

したがって，全体的な計画の作成においても，小学校入学に向けての滑らかな接続や発達の連続性を踏まえることが重要であり，特に5歳児（年長児）後半の保育内容に留意する必要があるといえる。そのためにも，保育者は小学校教師と連絡会や合同研修の場をもち，具体的に小学校の学習内容や生活状況をよく聞き，先入観に頼らない正しい認識をもって保育のあり方を検討することが大切であろう。子どもの育ちや学習に関する問題，生活態度などを保育者と小学校教師が共有し，改善のためにそれぞれの立場から協力していくことが必要である。

例えば，伊藤らが幼稚園・保育所の保育者と小学校教師を対象に行った調査（2009）によると，「就学前に必要だと思うこと」として「ひらがなを読む」は，幼稚園57%，保育所66%に対し，小学校は84%と多い結果であったが，「ひらがなを書く」ことについては，幼稚園44%，保育所48%に対し，小学校は18%とかなり低い結果になっていた。同様に，「鉛筆を正しく持つ」ことは，幼稚園37%，保育所52%に対し，小学校30%，「自分で絵本を読む」ことも，幼稚園42%，保育所49%に対し，小学校12%という低い結果が示されている。このような結果から考えると，年長児後半には，日頃の生活や遊びの中でひらがなに触れて親しむ体験があるとよいと思われるが，鉛筆でひらがなを書くまでは求められていないことがわかる。また，「座って聞く時間の長さ」については，幼稚園や保育所が「30分くらい」とする回答がそれぞれ34%，52%と多かったが，小学校教師は「20分くらい」とする回答が48%と多かった。このような小学校教師と保育者との間の意識の差に気付き，適切な保育内容を立案・実践していくためにも，日頃の意見交換や交流が重要であるといえる。

4　カリキュラム・マネジメント

全体的な計画や後に述べる指導計画は，保育実践を通して明らかになった課題を改善することでさらに良い計画となる。いわゆるPDCAサイクルを確立し保育改善に取り組むことが重要なのである。

このように，①全体的な計画を作成し，②その実施状況を評価して改善を図り，③実施に必要な人的・物的体制を確保・改善することを通して，組織的かつ計画的に園の教育・保育活動の質の向上を図っていくことをカリキュラム・マネジメントという。

③の人的・物的体制の確保に関しては，園内に限らず，保育内容・保育活動に必要な人的・物的資源等を家庭や地域の外部資源を含めて検討し，効果的に組み合わせて活用することを意味している。領域「環境」においては，さまざまな行事や自然・事象・物とのかかわりが想定され，園外の資源の活用は保育の充実につながることが期待される。例えば消防署や図書館，商店，地域の祭り，動物園，植物園，水族館などの活用は，日々の保育活動においてごっこ遊びの発展につながったり，子どもの興味・関心を広げたり深めたりすることに役立つだろう。地域の方による遊びや伝承的な活動の紹介，小学生との交流なども，日々の活動の充実につながる。そのためにも，子どもの成長・発達のためにどのようなねらいをもち，保育環境を用意し実践すればよいかを職員同士で議論し，共通理解を図ることが，保育の質の向上につながるといえる。

2節　領域「環境」の指導計画と展開

1　指導計画作成上の留意点

指導計画は，各担任が作成する具体的な計画である。長期の指導計画としては，年間，期間，月間の指導計画などがあり，短期の指導計画には，週案，日案，部分案などがある。園によって作成される種類は異なり，期間指導計画を作成しない園や，週案でも2週間ごとに作成する園，週案と日案の内容を合わせた週日案を採用している園もある。いずれにしても，園の全体的な計画に基づきながら，担任するクラスの子どもたちの様子や，家庭・地域の状況，園や地域の行事等の都合なども考慮して，実践に直接役に立つ指導計画を作成している。

指導計画は領域ごとに作成するものではないが，「ねらい」や「内容」を考えるうえで領域や養護（保育所の場合）の視点は欠かせない。子どもたちの様子からその発達の状況や課題をとらえ，「ねらい」を明確化して保育を計画し実践し，検証していくことが大切である。「ねらい」を達成していくための保育者の援助のあり方や環境構成，適切な教材や活動選択など，保育には子ども理解に基づいた事前準備が重要である。そして，保育実施後は，その「ねらい」が達成できたかどうか，子どもの様子や保育者の援助方法等それぞれについて評価・省察し，次に生かしていくことが必要である。本来，保育の「ねらい」は限られた時間や1日で達成されていくものではないし，生活や遊びのさまざまな場面で「ねらい」はかかわってくるものである。日々の振り返りを行うと共に，せめて1週間程度は見通して，余裕をもって一人一人の子どもの育ちや保育者の援助・環境構成のあり方について評価・省察していきたい。

また，1年の中にも季節や行事等があり，その時季を逃がしては体験できないものが身の回りには豊富に存在する。特に領域「環境」がかかわる飼育，栽培，自然事象などは季節や気候に左右される活動が多いため，それらとのかかわりが適切にできるように，より長期の見通しをもって計画を立案することが重要になってくる。**表2－2**は年間の行事や栽培・飼育等の例を月別に示したものである。地域によって，また，園によって時期の違いが多少はあると思われるが，多くの種類の自然物や行事等の中から，何を保育に取り上げるのか，いつどのようなかかわり方が適しているかを考える資料として，各自で作成しておくと役に立つ。

表2－2 年間の行事，飼育・栽培等の予定の例

		行事等	自然事象	栽培・観察・採集	飼育・採集・観察
Ⅰ期	4月	入園式，花見		春の草花の開花（サクラ，チューリップ，スミレ等），草花遊び（タンポポ，レンゲソウ，オオバコ等），ツクシ摘み，山菜採り，種まき（ヒマワリ，ホウセンカ，サルビア，マツバボタン等），苗植え（ナス等）	小鳥，ウサギ，ハムスター等の世話
	5月	こどもの日 母の日，遠足		種まき（アサガオ），田植え，苗植え（カボチャ，トウモロコシ，キュウリ，トマト，ピーマン，ゴーヤ，落花生等）	アオムシ，モンシロチョウ，アゲハ，ダンゴムシ，アリ，トカゲ，カメ，オタマジャクシ，カイコ，ツバメ
Ⅱ期	6月	時の記念日 父の日	梅雨 夏至	ジャガイモの収穫，サツマイモの苗植え，アジサイの開花	カタツムリ，キンギョ，メダカ，ザリガニ，カエル，テントウムシ
	7月	七夕，水泳 野外活動，海の日	集中豪雨 梅雨明け	夏の草花の開花（アサガオ，ヒマワリ等）	貝，魚，ヤドカリ，カニ
	8月	夏期保育 盆，山の日，夏祭り	入道雲，夕立 夏の星座	収穫（カボチャ，キュウリ，トマト，ピーマン，ナス，トウモロコシ等）	カブトムシ，クワガタムシ，セミ，バッタ，トンボ，カマキリ
Ⅲ期	9月	防災の日 月見，敬老の日	台風，秋雨 秋分	木の実拾い（マツボックリ，ドングリ等），草花の種とり（アサガオ，ヒマワリ等）	コオロギ，スズムシ，アキアカネ
	10月	運動会，遠足 芋ほり	いわし雲	球根植え（チューリップ），サツマイモの収穫，水栽培（ヒアシンス，スイセン等） 木の実・草の実集め（ジュズダマ等）	
Ⅳ期	11月	作品展 七五三		紅葉，落ち葉拾い（イロハカエデ，サクラ，イチョウ等），玉ねぎの苗植え	カマキリの卵，ミノムシ
	12月	クリスマス会 餅つき	冬至 霜柱	もみの木，常緑樹と落葉樹	冬眠準備（カメ）
	1月	正月 春の七草	霜柱， 雪，氷	草花遊び（ナンテン，ヤツデ，ヒイラギ等）	
	2月	節分，立春 生活発表会	霜柱， 雪，氷	ウメの開花	
	3月	ひなまつり お別れ会 卒園式	春分	ジャガイモの種いも植え，木の芽探し クロッカス，ヒアシンス，スイセン等の開花	

2　年間指導計画の作成と展開

一般的に年間指導計画は月別ではなく，生活の流れや発達の状況を考慮して，1年間を4，5期に分けて記載することが多い（**表2－3**）。

Ⅰ期（4，5月）は，年度当初で新しい担任や新しい保育室に変わり，新入園児のみならず進級児も不安定になりやすい。新しい保育室に慣れ，生活の仕方や流れに慣れ，気持ちを安定させて登園できるようになることが，どの年齢の子どもでも共通したねらいとなる。気持ちの安定には，担任保育者との温かなかかわりが重要であり，この時期に担任保育者と一人一人の子どもとの間に信頼関係を構築することが，後の園生活を展開していくうえでの基盤になる。新入園児ならば，家庭で遊んだことがある遊具や材料を用意しておいて，安心感や親近感をもたせたり，保育者と手をつないだりスキンシップを図ったりしながら，園舎の内外を少しずつ探索してみるのもよいだろう。園内の草花や飼育物などの自然物を見るだけでも，子どもの気持ちが落ち着いたり，気分転換になったり，興味・関心をもって楽しめる場合も多い。また，子どもの知っている簡単な歌を歌うことも，気持ちをなごませる。それぞれの年齢や発達状況を見ながら，適切な環境構成や援助を工夫したい。

Ⅱ期（6，7，8月）は，年度当初の緊張感も解消され，自分らしさを出して生活できるようになる時期である。気候的には梅雨から夏の暑い時期であり，疲れやすく，健康面ではさまざまな配慮が必要な時期であるが，飼育・栽培，自然事象と共に楽しみの多い季節である。砂や水に触れながら心を解放して遊んだり，身近な小動物との触れ合いから気付いたことを言葉や身振り，製作等で表現したり，不思議に思ったことを図鑑で調べたり保育者や友だちと意見を言い合ったりするなど，それぞれの発達過程で落ち着いて楽しく生活する様子が見られる。その子どもなりのペースで考えたり試したりできるような場所や時間を確保したり，材料を準備したりするなどのためにも，子どもの行動を予想しながら保育の計画をしっかり立てるようにしたい。

Ⅲ期（9，10月）は夏から秋への移行の時期であり，気候のよさからも戸外での活動に適している時期である。友だちとのかかわりも盛んになり，例えば

表2－3 年間指導計画例（3歳児）

（※領域「環境」関連部分を抜粋）

	月	ねらい	内容
Ⅰ期	4・5	・先生に親しみ，園生活に慣れる。 ・身近な動植物に親しみをもつ。	・保育者に見守られながら，用便や持ち物の始末をしようとする。 ・園の環境や園での生活の流れに慣れる。 ・小鳥やウサギの飼育小屋を見たり，花壇の花を見たりして楽しむ。 ・動植物に関する歌を歌って親しみをもつ（チューリップ，ちょうちょう，めだかの学校，お花がわらった等）。
Ⅱ期	6・7・8	・身近な小動物とかかわり，親しみをもつ。 ・夏野菜や果物に関心をもつ。 ・自分なりに見立てたりなりきったりして遊ぶ。	・カタツムリやアリ，ダンゴムシなどを見たり集めたりして楽しむ。 ・夏野菜の成長する姿を見て収穫を楽しみにする。 ・果物や野菜の色や味，切った形などに興味をもつ。 ・保育者と一緒にままごとや簡単なごっこ遊びを楽しむ。
Ⅲ期	9・10	・好きな遊びを通して友だちに関心をもつ。 ・季節の変化に気付き，自然物で遊ぶ。	・同じ遊具や材料を使って遊んでいる友だちに親しみをもつ。 ・秋の自然に触れ，色や形の違う草花や木の実を集めたり，砂，水などを使って遊んだりする。 ・災害時の避難方法を知る。 ・戸外で遊ぶ気持ちよさを感じたり，園外保育を楽しんだりする。
Ⅳ期	11・12	・冬に向かい，季節や生活の変化に興味をもつ。 ・自然物を集めたり，利用したりして遊ぶ。	・気温の変化や紅葉，落ち葉などの様子から，季節の移り変わりに気付く。 ・紅葉の美しさを感じたり，葉や実を集めたり使ったりして表現遊びを楽しむ。 ・疑問に思ったことを，保育者に尋ねたり一緒に考えたりする。 ・年末の行事に参加して楽しむ。
Ⅴ期	1・2・3	・気の合う友だちと一緒にごっこ遊びを楽しむ。 ・冬の自然に興味をもってかかわろうとする。 ・季節の行事に参加して興味を広げる。	・ままごとや電車ごっこなどを友だちと一緒に楽しむ。 ・霜柱，雪，氷などの冬の自然や，春に向かう変化を見付けて楽しむ。 ・お正月の様子や節分，ひなまつりなどの行事に興味をもつ。

3歳児では，それまでの一人遊びから複数で一緒に行動する様子が多く見られるようになったり，4歳児では，数人の気の合う友だちと一緒に行動し，鬼ごっこなどのルールのある遊びや虫探しを戸外で楽しんだり，運動会に向けて踊りを楽しんだりする様子が見られる。運動会という大きな行事を経験して，いっそう友だちとかかわって遊ぶことが楽しくなると共に自分にも自信が付き，充実した生活を送る時期である。

Ⅳ期(11, 12月)は，Ⅲ期と合わせて1つの期とする場合もある。このⅣ期は，さまざまな実りや秋の美しさを実感すると共に，秋から冬へ生活や遊びを変化させていく時期である。また，4, 5歳児では仲間意識の高まりを生かして，ケーキ屋さんやレストラン，病院などの仕事を再現したごっこ遊びも盛んになり，その中で役割に気付いたり，材料の製作などを通して形や色，数量，記号，文字などを意識したりする機会が多くなる。園によっては，これまでのさまざまな保育の様子をもとに，作品展や生活発表会を開催するところもある。

Ⅴ期（1，2，3月）は，厳しい寒さの中で，室内を中心として安定感をもって友だちと共に遊びを進めていく時期である。お正月の体験を生かした遊び(年賀状をもとにした郵便ごっこ，かるた，凧揚げ，コマ回し，トランプなど）を教えあったり，霜柱や雪，氷などの冬の自然に触れてその不思議さや面白さを感じたり，節分の豆まきやひなまつりなどの行事に参加したりすることも，子どもにとっては楽しい体験である。そして，年度末に向けて，生活発表会や音楽会，お別れ会，卒園式等が開催され，1年の体験がここに集約されるまとめの時期となると共に，新年度に向けてそれぞれの子どもが期待や不安をもつ時期でもある。

このように，担任するクラスの1年を長期的に見通し，保育の「ねらい」や気候・季節に沿った適切な環境構成や援助ができるように計画を立案していきたい。また，前年度の担任とも引継ぎを行い，これまでどのような自然物や物とかかわった経験があるのか，どのような資質・能力が育っているのかなどの子どもへの理解を深めながら作成するようにしたい。

3　月の指導計画の作成と展開

年間指導計画を参考にしながら，前月の子どもの育ちの状況をとらえて月の指導計画（月案）を作成する。

表2－4は5歳児6月の指導計画例である。領域「環境」に直接かかわる内容の記述としては，先月の様子を記した「子どもの姿」の欄に，「アオムシなどに興味をもち，絵本で調べたり，観察したりしている姿が見られる」とあり，季節的に小動物を目にする機会が増えて興味や関心が高まってきている様子がうかがえる。6月も梅雨という自然現象に加えて，先月に植えた夏野菜の育ち具合を観察し世話をすることや，小動物とのかかわり，来月の七夕会に向けて天体への興味の深まりなど，自然物や自然事象とのかかわりが多いと予想される。また,6月10日の「時の記念日」や6月第3週の日曜日に設定されている「父の日」などの行事もあり，時刻や数字に触れたり，家族の仕事や役割などについても考えたりできる機会がある。内容が盛りだくさんになり，活動を保育者主導で推し進めてしまうことのないように，「ねらい」を絞ったり活動の時期（週，日程）や連続性を考慮したりすることで，整理されたゆとりのある6月を送りたい。そのためにも，この月案の作成が重要である。

「月のねらい」は，前述の状況から「梅雨期の自然に触れたり，動植物の成長に関心をもつ」であり，それを月内のどの時期に展開していくのか「週のねらい」として計画されている。こうすることで1ヵ月間の見通しが立つ保育が可能となる。当然，今月の行事予定にも留意する必要がある。次に，そのねらいの達成に向けて具体的にどのような環境構成や援助を実践するのか，また，そのような環境の中で，子どもにはどのような活動や姿が予想されるのかを示したものが,「子どもの活動と姿・環境構成・保育者の援助と配慮」の欄である。「ねらい」の達成につながる, 子どもに育みたい資質・能力などの「内容」を《 》内に示し，さらに具体的な子どもの活動や姿を【　】内に，＊印には環境構成及び保育者の援助を記述している。実際の立案過程では，「ねらい」「内容」から具体的な活動・姿を予想することが難しいと思われ，日頃から教材研究に努めたり，研修等に積極的に参加して保育者自身が興味・関心を広げる努力をしていくことが，

表2－4　6月の指導計画例（5歳児）

<table>
<tr><td>月のねらい</td><td rowspan="2">週のねらい</td><td>第1週</td><td>第2週</td><td>第3週</td><td>第4週</td><td>第5週</td></tr>
<tr><td>・友だちとのつながりを深め，思いを伝え合いながら遊びを進める。
・梅雨期の自然に触れたり，動植物の成長に関心をもつ。</td><td colspan="5">○身の回りの動植物に興味をもち，世話をしたり観察したりする。→
○数や時間に興味をもつ。○星や星座に興味をもつ。→
○さまざまな素材で作ったり，描いたりすることを楽しむ。→
○戸外でさまざまな運動遊びを楽しむ。→○泥遊び，シャボン玉遊びを楽しむ。→</td></tr>
<tr><td>子どもの姿
・登り棒やうんてい，鉄棒等の遊具に積極的に取り組んでいる。
・アオムシなどに興味をもち，絵本で調べたり，観察したりしている姿が見られる。
・自分の思い通りにならないと相手を傷付けるような言葉を言ったり，失敗を笑ったりからかったりする姿が見られる。

行事
誕生会　4日
眼科検診　5日
中学生訪問　6日
昼寝開始　9日
園庭解放日　11日
歯みがき指導　19日
子育て講座　20日
社会見学　27日
交通安全指導　10，20，30日
避難消火訓練　12，24日</td><td>子どもの活動と姿・環境構成・保育者の援助と配慮</td><td colspan="2">《身の回りの動植物に興味をもつ》
【植物の世話をし，育てる】
トマト，キュウリ，ナス，アサガオ
・当番を決めて水やりをする。
＊ジョロを準備しておく。
【小動物の世話をし，観察する】
オタマジャクシ，アゲハ，ザリガニ
＊絵本や図鑑を用意し，いつでも見て調べられるようにする。
＊変化に気付き，驚きや感動が味わえるように働きかけていく。
【散歩に出かけ，自然と触れ合う】
カエル，オタマジャクシを捕まえる
＊田んぼや周囲の環境の変化に気付き，驚きや感動，疑問など子どもの気持ちに共感していく。
＊水の危険さを知らせ，安全に心がけ，1人で遊びに行かないことなどを知らせていく。

《つくったり，描いたりすることを楽しむ》
夏の壁面，父の日プレゼント，笹飾りをつくる(折り紙，絵の具など)。
＊扱いやすいように用具を整えておく。
＊友だちと作品を見せ合って，お互いの違いなどを見比べ，認め合えるように働きかけていく。</td><td>《時間・数・星に興味をもつ》
【数・時間に興味をもつ】
数字，時計
＊遊びや生活の中で，時計を使って時刻を知らせたり，その時間を守って行動するように働きかけていく。
【星・星座に興味をもつ】
七夕，プラネタリウムへ行く
＊七夕の由来や星の名前を絵本・紙芝居を使って分かりやすく知らせ，興味をもたせていく。
＊星に関する図鑑や本を用意し，いつでも見られるようにする。

《友だちと遊んだり，運動をして楽しむ》
【戸外で身体を十分に動かして楽しむ】
【運動遊びに取り組む】
鉄棒，跳び箱
＊どんなことをするかみんなで話し合い，お互いに助け合って楽しめるようにする。
＊準備運動・整理運動をしっかり行い，怪我のないように留意する。
＊怖がる子には少しずつ行い，慣らしていくようにする。</td><td colspan="2">《行事に参加する》
【歯みがき指導を受ける】【眼科検診を受ける】
【誕生会に参加する】【中学生と触れ合う】
【社会見学へ行く】
＊落ち着いて話を聞く姿勢を身に付けるよう声をかけていく。
＊公共の場でのマナーを知らせ，守って行動するように促す。
【避難消火訓練を受ける】
・保育者の指示に従い，素早く避難する。
＊ふざけたりすることのないように声をかける。
【交通安全指導を受ける】
・雨の日の安全な歩行と横断の仕方を知る。
＊雨具の適切な使い方を知らせる。

【水・泥・シャボン玉遊びをする】
＊遊びやすいように用具を準備しておく。
＊時間を十分に取り，じっくりと遊びに取り組めるように配慮する。
【室内遊び】
＊玩具の取り合いなどのトラブルも，なるべく自分たちで話し合うように，見守ったり仲立ちとなって解決していけるようにする。</td></tr>
<tr><td rowspan="2"></td><td rowspan="2">評価反省</td><td>第1週</td><td>第2週</td><td>第3週</td><td>第4週</td><td>第5週</td></tr>
<tr><td></td><td></td><td></td><td></td><td></td></tr>
</table>

結果として子どもの豊かで適切な生活の保障につながっていくと考えられる。

4　週案・日案の作成と展開

今月の指導計画（月案）などの長期的な指導計画に基づきながら，前週の子どもの生活や遊びの様子,「ねらい」の達成状況など，子どもの実態や生活に即して具体化し,柔軟な展開ができるように配慮しながら週案（週の指導計画）を作成する。具体的に「ねらい」を設定すると共に,「内容」では，5領域の観点から育てたい内容や，養護面について意識したいことを明確にして記述するようにする。そして，日案では，週案に基づきながら，前日の子どもの活動の連続性やその日の行事予定なども考慮して，1日の流れや保育室内及び戸外の環境構成，保育者の援助などをできるだけ具体的に考え，記述する。日案では，晴天・雨天による予定の変更や，1日の中での静と動の組み合わせなどにも配慮する。

園によっては，日案と兼ねた週日案の形式を採用していたり，2週間分をまとめて作成する2週案を採用しているところもある。

表2－5は4歳児7月の2週案の例である。この例では，7月7日に七夕会が予定されており，それにかかわる内容や環境構成，保育者の援助についても具体的に記載されている。しかし，七夕会が日々の生活から独立した特別なものにはならないように，七夕に関連するさまざまな活動が合わせて計画されている。例えば，星から月，雨，雷，虹など，天体から天候などの自然現象に発展させ,「自然って不思議だね！　すごいね！」という心情を育てようとしている。また，七夕飾りの製作に関連して，絵の具を使った製作や空き箱，牛乳パック等を使った立体物の製作も計画されている。絵の具で野菜の絵を描く時には，実物を見たり触れたり匂いを嗅いだりして特徴をとらえるきっかけをつくるようにするなど，自然物とのかかわりまで発展しそうな案である。これらさまざまな自然物や自然現象とのかかわりが，1つずつ独立して計画されているのではなく，ある活動が次にどのように発展していくと考えられるのか，子どもの見方・考え方を予想して計画されており，子どもの心情にそったとても

表2－5　週の指導計画案例（4歳児）

7月　1・2週　　6月30日～7月12日

週のねらい		次週に向けて		行事	
	○気温，天候や子どもの状態を把握して，快適に過ごせるようにする。 ○気の合う友だちとお互いに思いを伝えながら，夏の遊びや好きな遊びを楽しむ。 ○身近な動植物や自然現象に興味や関心をもつ。 ○さまざまな素材に触れ，つくったり描いたりすることを楽しむ。				・7日　七夕会 ・11日　誕生日会

内容

養護

・厳しい暑さや蒸し暑さのために疲れも出やすいので，水分補給や休息，午睡などに配慮し，涼しく快適に過ごせるようにする。
・水遊びも多くなるので，一人一人の体調や皮膚などの健康状態に留意し，保護者と連絡を密にとり，異常を早く見付けて適切な対処をしていく。

教育

・水遊びに必要な身支度や，遊んだ後の始末など，自分でできることは自分でする。
・気の合う友だちと，好きな遊びをする。
・みんなと一緒に，簡単なルールのある遊びを楽しむ。
・身近な動植物に繰り返し触れて親しみをもつ。
・自然現象に疑問や関心をもつ。
・水，砂，土で遊ぶ心地よさや面白さ，不思議さに気付き，ダイナミックに遊ぶ。
・自分のしたいこと，してほしいことを保育者や友だちに分かるように話す。
・いろいろな素材や用具を使って描いたり，つくったり，飾ったり，それで遊んだりする。
・みんなと一緒に簡単な歌を歌ったり，曲に合わせて踊ったりする。
・七夕会に楽しんで参加する。

◆環境構成　　□・子どもの活動　　＊保育者の援助

《製作活動を楽しむ》
絵の具も面白いね！～つくりたいな！～できたよ！

・絵の具を使って描く（ナス，スイカ，キュウリ他）
・立体的なものをつくる（剣，ボール）
・空き箱製作（ロボット，船）
・七夕飾りをつくる
◆野菜の描画は，実物を見たり，触れたり，匂いを嗅いだりして，特徴をとらえるきっかけをつくる。
◆子どものイメージが広がりやすいように，いろいろな素材を用意しておく（新聞紙，広告紙，空き箱，牛乳パック，折り紙，紙テープ，タフロープなど）。
＊絵の具は，筆の使い方（水を切る，筆を洗う）などを，手本を見せながら丁寧に知らせていく。
＊一人一人の発想やイメージを大切にして言葉をかけていき，こうしたいという思いが実現できるように相談にのったり，提案したり，難しいところは手助けしたりしていく。

《七夕会に参加する》

・七夕飾りをつくる
・七夕の話を聞く
（紙芝居・絵本・ブラックシアター）
・歌を歌う（たなばたさま）
・ササに保育者と一緒に飾る
・コンサートを聴く
◆飾ったササを持ち帰れるように枝を決めて飾るようにする。
◆飾り付けしたササは，子どもたちが見やすい場所に飾る。
＊七夕の話，ササ飾り，歌などを通して，関心をもち楽しく参加できるように気を配る。
＊子どもたちの夢を大切にしていく。

《自然現象に興味をもつ》
自然って不思議だね！
すごいね！

・星，月，雨，雷，虹などについて，気付いたことを話す
◆自然現象について，見たり調べたりできるように，絵本，図鑑を用意しておく。
＊保育者自身が自然現象を逃さずとらえ，子どもと共に感動したり疑問をもったりしていく。

《小動物の様子を観察する》
大きくなったね！
あれ？何か変わったよ!?

・ザリガニの脱皮
・カブトムシの羽化（蛹～成虫）
・ヤゴの羽化（ヤゴ～トンボ）
＊子どもの発見，気付きを大切にしていく。
＊繰り返し触れたり世話をしたりする中で，接し方や命の大切さに気付くようにかかわっていく。

《水，砂，土などで遊ぶ》
暑い時は水を使った遊びがやっぱりいいね！

・シャワー，水鉄砲
・色水遊び
・石鹸《せっけん》遊び，洗濯ごっこ，シャボン玉
・ボディペインティング
・砂場で山や川，ダム，池などをつくる。水を流す。
・友だちがつくった川とつなげる
＊保育者も素足になって共に楽しみ，気持ちよさや感触を伝えたり共感したりしていく。
＊一人一人のイメージで遊んでいることを認めながら，同じ場にいる友だちのしていることにも目が向けられるように言葉をかけていく。
＊遊びの様子を見て，次の遊びのイメージにつながる言葉をかけたり，素材を提案したりしてみる。

自然な流れになっている。できるだけ具体的に一人一人の子どもの姿をイメージし，時には個人名も入れながら予想して作成することで，実践につながる適切な計画が立案できる。また，行事や季節だけではなく，5領域の育ちにかかわる活動を調和的に組み込むことや，室内・戸外の活動，静と動の活動のバランスなどにも配慮したい。

表2－6は，5歳児10月の日案例である。クラス別一斉活動ではなく，午前中の好きな遊びの中で，子どもがそれぞれの思いをもって，木の実や葉などの自然物と触れながら遊ぶ内容が計画されている。年長児ならば，一斉活動で保育者の指示に従って1つの活動に全員一緒に取り組むこともできる。しかし，自然物を目の前にした時，そこから受けるイメージは個々の子どもによって異なるであろうし，また，それとどうかかわると楽しいかという基準も異なる。これまでの経験にも幅がある。個々の子どもの主体性を育てる意味でも，今回は「好きな遊び」の中で保育者や友だちとかかわりながら自分なりに工夫し，試行錯誤してつくり上げる意味は大きいと考えられる。

保育に入る前に，まず，ねらい・内容が達成できるような環境構成を考える必要がある。保育室内に机を出す必要があるのか，必要ならばいくつ机を出すのか，それぞれどの程度の広さが必要か，子どもの動線はどのようになるか，コーナー同士のかかわりはどのようになるかなどを考え，コーナーや机の設定を行う。日案例では，「じゅずだま・アクセサリーづくり」は落ち着いて取り組める場所を用意したいので，動的な活動の「ドングリコースづくり」とは離して設定してある。一方で，どの活動も木の実などの自然物を使用するので，材料置き場を共通に利用しやすい中心に設置している。また，材料の置き方も，子どもが安全に利用しやすいように，箱やカップなどを使って整理整頓しておきたい。コーナーの各机には，汚れたり傷が付かないように厚紙やテーブルクロスを準備し，適宜，子どもの参考になるように，見本を用意したりつくり方を簡単に図示した紙を準備しておくとよい。子どもはそこからヒントを得て，自分なりにさらに工夫して自分だけの作品をつくりだしていく。保育者も，一緒に製作したり助言・共感したりしながら，子どもたちにとって使いやすい環

表２－６　日案例（5 歳児）

<table>
<tr><td colspan="3">指導案　5 歳児　あやめ組　平成○年 10 月 23 日（木）　男児 10 名　女児 13 名　合計 23 名</td></tr>
<tr><td rowspan="2">子どもの姿
・先週の園外保育で拾ってきた木の実を，友だちと一緒に種類別に分類したり，興味をもって名前や形を図鑑で調べたりする様子が見られる。
・木の実や葉を使って，壁掛けを製作して見せ合ったり，簡単な楽器を製作したりして楽しむ姿が見られる。
・リレーでは，A 男は自分のチームが負けて悔しくて泣いていた。本人なりのよい考えはあるものの，自分の意見を友だちに伝えることには躊躇《ちゅうちょ》している様子が見られる。また，まわりの子どもも，A 男の思いには気付いていないようだ。</td><td>ねらい</td><td>○ 気の合った友だちと，思いや考えを伝え合いながら遊びを進めようとする。
○ 秋の自然や実りに興味をもったり，自然物を取り入れたりして遊ぶ。</td></tr>
<tr><td>内容</td><td>・好きな遊びを友だちと一緒に取り組みながら，作戦を考えたり，考えを言い合って遊ぶ。
・木の実や葉を使って，友だちと教え合ったり，試してみたりしながら，製作することを楽しむ。
・こまややじろべえづくりなどを通して，自然物のもつ不思議さや面白さ，美しさを感じる。</td></tr>
</table>

時間	○□・予想される子どもの活動など　◆環境構成　＊保育者の援助
9：00	○登園する。 ・保育者や友だちにあいさつする。 ・所持品の始末をする。
9：15	○好きな遊びをする。

【室内】

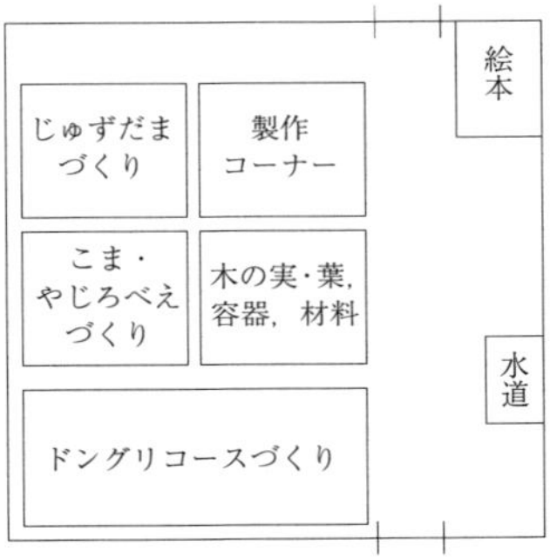

ドングリこまづくり，やじろべえづくり

・ドングリの大きさや形，棒の長さ，回し方などを試しながら，友だちと教え合って工夫してつくる。
◆ドングリは水に一晩つけておく。
◆穴あけ用の釘，つまようじ，竹串，台紙
＊ 道具の使い方が危なくないように，扱い方を伝える。
＊ うまくつくれない場合は，原因を一緒に考えたりほかの子に尋ねられるように仲立ちしたりする。
＊ 子どもの気付きを認めていく。

製作コーナー

・台紙に，ドングリやマツボックリ，小枝，実，葉，つる，小石などを貼って，好きな飾り物をつくる。
・色や形などを生かしてデザインしたり，イメージしたものに見立てて製作する。
◆興味やイメージがもてるように，見本を置いたり，自然物を分別して並べておく。
◆四角やハート型に切ったダンボール紙，ボンド
＊ 製作内容に応じて，色画用紙や色紙，ひも，布，モールなど，新たな材料を提供する。
＊ 工夫して製作している姿を認める。

ドングリコースづくり

・気の合った友だちと一緒に，自分たちで好きなコースを工夫してつくって，ドングリを転がして遊ぶ。
・木の実の形や大きさによる変化に気付き，ころがる様子を比べたり，競争したりする。
◆ダンボール板（大），積木，牛乳パック，わりばし
＊ 保育者も一緒につくったりしながら，転がす面白さや，コースを工夫する面白さを伝えていく。
＊ 自分の考えを言ったり，友だちの意見を聞き入れてコースをつくったりする姿を認めていく。

じゅずだま・アクセサリーづくり

・友だちと一緒に，ひげの抜き方や針金の通し方などを教え合いながらつくる。
・だんだん長くなってきたことを喜びながら，ネックレスやブレスレットなどをつくる。
◆じゅずだま，針金，ごみ入れ
＊ 落ち着いて取り組めるような場を設定する。
＊ 根気よくつくり上げている様子を認めたり，作品の美しさに共感したりする。

【戸外】

リレー

・友だちと，人数を集めてチームに分けたり，走る順番を自分たちで決めたりして行う。
・思ったことを相手に伝えたり，友だちの意見を聞いて作戦に取り入れたりする。
・チームの友だちを応援したり，どうすれば勝てるのかを考えたりする。
◆バトン
＊ 人数を合わせようとしている子どもの行動にほかの子も気付いたり，協力したりできるように，まわりの子に伝えていく。

時間	活動
11：15	○片付ける。
11：30	○給食を準備する。 ～（省略）～

境になるように再構成したり，不足な物を子どもと相談しながら補充したりするなどの役割も求められる。

今回の案では，使用する道具も危険を伴うものが含まれていたり，製作物も緻密さが要求される内容で，年長児ならではの手先の巧みさが求められる。しかし，同時並行で室内外の活動が行われている保育にあっては，保育者は，絶えずその場にいられるとは限らない。したがって，保育者は事前に，子どもにとってどの製作場面が難しいのか，何が危険なのかを具体的に把握・予想し，適切に子どもに伝えたり子どもの動作を見守ったりするようにしたい。

内容上は,「こま」や「やじろべえ」の製作では,重心やバランス,回転,重さ,形などさまざまな科学的内容が含まれている。自然物とかかわりながら，その不思議さや面白さ，美しさ，試してみることの楽しさなどが体験できることであろう。さらに，気の合った友だちと一緒に活動することで，同じ目的をもって協力して物事を進めていくことや，思ったことやよいアイディアを仲間に伝えることの大切さ，相手の意見も聞くことでさらに遊びが発展していくよさも学ぶことができる。人とのかかわりや，会話する能力なども総合的に育っていくことが分かるだろう。リレーでは，チームに合った人数を集めることから，偶数・奇数，対などの概念や何番目などの順序数についても学ぶ場になっている。日々の連続した生活の中で，子どものどのような姿を発達上重要であると感じ，そのためにどのような遊びを保障するかということを的確にとらえることは簡単ではない。なぜ，その遊具や材料を出しておくのかという意図をきちんと説明できるように，子どもの姿をしっかりとらえると共に,「ねらい」を意識した環境構成や援助を心がけながら計画を立てていきたい。

クラス全員が同じ活動に取り組む一斉活動の場合は，保育者の活動選択の適切性・必然性や活動への導入方法について，いっそう配慮が必要になる。好きな遊びとしてではなく，クラス全員で取り組んだほうが適している活動内容を設定することになるので，例えば，クラスという集団が生かせる活動や，全員に同じ体験を同時に行ったほうがよい場合，また，保育者が提案したほうがよい活動や，クラス一斉で体験したことがその後の好きな遊びに応用できる活動などが適しているだろう。いずれにしても，子ども一人一人の心情や発達状況に配慮した援助や活動の進め方に留意したい。

5　家庭・地域との連携と行事

1年間の中には，季節や節句，子どもの活動状況などを生かした，さまざまな行事が計画される。子どもと保育者だけで実施する行事もあれば，保護者参観型のものや，保護者参加型で一緒に活動してもらうものもある。現代の家族構成は，子どものいる世帯の中で核家族が約80%，三世代同居が約15%であり，家庭で経験できる伝統的な行事や自然との触れ合いなども減少していると思われる。子どもだけではなく，保護者も直接・間接的に行事に参加し，結果として保護者も学べるような実施方法も有効であろう。

青少年の自然体験活動等に関する実態調査（2012）（対象は小学校4年生，6年生，中学校2年生）によると，「チョウやトンボ，バッタなどの昆虫をつかまえたこと」がほとんどない子どもは20%，「海や川で貝を取ったり魚を釣ったりしたこと」がほとんどない子どもは25%に達するという。また，食生活に関して，子どもの野菜摂取に関する調査報告書（2008）によると，野菜の好き嫌いが「普通」な母親の子どもの中で，野菜が「やや嫌い・とても嫌い」な子どもは約40%であるのに対し，野菜が「やや嫌い・とても嫌い」な母親の子どもの場合は同回答が約8割弱に達するという。

このように，子どもは地域や家族の環境からも大きな影響を受けていることを考えると，地域や家庭では体験できない内容を，日常の保育や行事に取り入れていくことも必要であろう。昆虫を捕まえたことのない保護者や，潮干狩り・釣りの経験のない保護者もすでに少なからずいるのではないだろうか。保護者の状況を見ながら，例えば保護者同伴の遠足で昆虫採集を取り入れたり，海での磯遊びなどを取り入れるのも1つの方法であろうし，保護者の協力を得て年末には“もちつき”をしたり，さまざまな料理に挑戦したりするのも方法である。子どもを育てることを通して，結果的に保護者も活動の幅が広がり生活の内容が豊かになるとよい。

参考文献

伊藤道子・坂部三枝子　滑らかな幼保小の連携をめざして――言葉の育ちを通して探る　日本保育学会第62回大会発表論文集　2009

恩賜財団母子愛育会　日本子ども家庭総合研究所編　日本子ども資料年鑑2009　KTC中央出版　2009

厚生労働省　平成28年国民生活基礎調査　2017

国立青少年教育振興機構　青少年の体験活動等に関する実態調査（平成24年度調査）報告書　2014

塩野マリ編著　3歳児の指導計画　ひかりのくに　2008

高杉自子ほか編　飼育・栽培　チャイルド本社　1977

3章

領域「環境」のねらいと内容

領域「環境」のめざすところは「周囲の様々な環境に好奇心や探求心をもって関わり，それらを生活に取り入れていこうとする力を養う」(幼稚園教育要領）ことである。

本章では，まず，明治期に幼稚園が設置されて以後，領域「環境」のねらいと内容に関することがどのように変遷してきたかを示し，さらに，現行の幼稚園教育要領と保育所保育指針のねらいと内容について解説をする。

1節　明治期初期のねらいと内容

学制が1872（明治5）年頒布《はんぷ》された。学制第22章に「幼稚小学は男女の子弟6歳迄のもの小学に入る前の端緒を教えるなり」とあるが，細かい規定はない。

日本で最初の幼稚園である東京女子師範学校附属幼稚園（戦後は，お茶の水女子大学附属幼稚園）が1876（明治9）年開設された。

保育科目を紹介すると，大きく3つに分かれている（**表3－1**）。第一物品

表3－1　明治初期の保育科目（東京女子師範学校附属幼稚園）

第一物品科　日常の器物，即ち椅子，机，或いは禽獣，花果等につきその性質或いは形状等を示す。

第二美麗科　美麗とし好愛するもの即ち彩色等を示す。

第三知識科　観玩によって知識を開く，即ち立方体或いは幾個の端線平面幾個の角より成りその形は如何なるか等を示す。

日本幼稚園史（復刻版）

表３－２　保育子目

（東京女子師範学校附属幼稚園）

・五彩球の遊び	・鎖の連接
・木箸の置き方	・剪紙貼付
・図画	・木箸細工
・紙片の組み方	・唱歌
・遊嬉	・三形物の理解
・形体の積み方	・環の置き方
・針画	・織紙
・粘土細工	・計数
・説話	・貝の遊び
・形体の置き方	・剪紙
・縫画	・畳紙
・木片の組み方	・博物理解
・体操	

科，第二美麗科，第三知識科である。その後の領域「環境」に関係あるものは第一物品科と第三知識科である。**表３－２**の保育子目は第三知識科の具体的な活動だが，フレーベル（Fröbel, F. W., 1782 ～ 1852）の恩物を用いた活動が多く含まれている。保育子目には後の手技に含まれる内容が多く含まれる。手技はフレーベルの恩物をまとめた項目である。具体的にはどのように指導したかというと，例えば最初の子目「五彩球の遊び」はフレーベルの第１恩物を用い，毛糸のボールを何かに見立てたり，数を数えたり，軽く投げたりして活動した。

２節　明治期から大正期（４項目時代）

教育令が 1879（明治 12）年に公布され，我が国の教育法令史上初めて幼稚園という名称が用いられた。しかし，保育内容についての記述はなかった。

1886（明治 19）年文部省は学校種別ごとに単独の学校令を制定した。その４つのうちの１つ，小学校令には保育内容についての記述はなかった。

次に幼稚園の保育内容に関して制定された法令は，1899（明治 32）年の幼稚園保育及設備規程である（**表３－３**）。その中で，保育内容を遊嬉，唱歌，談話，手技の４項目で示した。

これら４項目の中で領域「環境」に関係があるのは，談話と手技である。

表3－3　保育内容（4項目）について（幼稚園保育及設備規程（1899））

1　遊嬉は随意遊嬉と共同遊嬉に分けられた。随意遊嬉とは，幼児が自由に遊嬉したり運動したりする，いわゆる自由遊びであった。共同遊嬉とは，歌曲に合わせて共同で行うもので，四項目の一つ唱歌と合わせて行われることが多く，唱遊と呼ぶ幼稚園もあった。
2　唱歌は，平易な歌を歌わせることによって聴器，発声器の発育を助け，心情を明朗にし，個性を高めようとした。
3　談話は，幼児にとって有益で興味の深い話をするもので，実際の保育は談話を中心として展開することが多かった。談話は更に自然について話すことによって，徳性の涵養にとどまらず，幼児の自然に対する興味や観察力を養おうとした。
4　手技は，恩物や絵画などが含まれるもので，これまでの恩物は手技という項目で一括され「手及び眼を練習し心意発育の資とす」とある。

日本幼児保育史第2巻

表3－4　保育内容5項目について（幼稚園令施行規則（1926））

第1条　幼稚園に於《お》いては幼稚園令第1条の趣旨を遵守して幼児を保育すべし
幼児の保育はその心身発達の程度に副《そ》はしむべくその会得し
難き事項を授け又は過度の業をなさしむることを得ず
常に幼児の心情及び行儀に注意して之《これ》を正しくせしめまた常
に善良なる事例を示して之に倣《なら》はしめむことを務《つとむ》べし
第2条　幼稚園の保育項目は遊戯，唱歌，観察，談話，手技等とす。
（以下略）

日本幼稚園史（復刻版）

3節　昭和初期（5項目時代）

幼稚園に関する最初の単独の勅令である幼稚園令が1926（大正15）年に制定された。その中で，保育内容は遊戯，唱歌，観察，談話，手技等と5項目が制定された。領域「環境」に関係があるのは，観察と手技等である（**表3－4**）。

この保育内容は手技等と「等」が加えられたが，この5項目以外の保育内容は幼稚園によっていろいろであり，例えば，会集，園外保育，恩物，読み方と数え方，生活訓練などがある。

4節　第2次世界大戦後から昭和時代末まで

戦後の混乱の中で，1947（昭和22）年には日本国憲法が施行され，教育基本法，学校教育法，児童福祉法が制定された。保育に関して最初に示された標準は1948（昭和23）年の『保育要領―幼児教育の手びき―』（文部省刊）である。保育要領は幼稚園，保育所，家庭の全ての保護者・養育者が対象となっている。

保育要領（1948〔昭和23〕年）に示された幼児の保育内容は，(1)見学，(2)リズム，(3)休息，(4)自由遊び，(5)音楽，(6)お話，(7)絵画，(8)製作，(9)自然観察，(10)ごっこ遊び・劇遊び・人形芝居，(11)健康保育，(12)年中行事の12項目があげられる。これらの項目は従来，保育内容としてあげられていた遊戯，唱歌，観察，談話，手技等と比べて違いがある。その第1は幼児の広い生活範囲が保育内容として取り上げられたこと，第2が保育の内容を経験であるとしたこと，第3が幼児の総合的な活動を取り上げていることである。

12項目のうち領域「環境」に関係がある項目は(1)見学，(9)自然観察，(12)年中行事である。それぞれ，**表3－5**に説明の最初の部分を記述することとする。

1　幼稚園教育要領

(1) 幼稚園教育要領（1956〔昭和31〕年）

文部省が戦後初めて刊行した保育の標準は保育要領である。文部省は1952（昭和27）年から幼児期の教育に関して「保育」ではなく「幼稚園教育」という言葉を使用するようになった。したがって「保育要領」は「幼稚園教育要領」となった。以下，幼稚園の保育内容の基準として幼稚園教育要領について解説する。

保育内容は第Ⅱ章「幼稚園教育の内容」に記述されている。

この幼稚園教育要領の特徴を3点あげる。1つめは幼稚園の保育内容について小学校との一貫性をもたせるようにしたこと，2つめは幼稚園教育の目標を具

表３－５　領域「環境」に関係する保育項目（保育要領（1948））

⑴見学　幼児には，広い範囲にわたっていろいろの経験をさせることが望ましい。そしてその経験は，なるべく実際的，経験的でなければならない。幼稚園内，あるいは保育所内での生活はいかに十分の設備と行き届いた教師の指導があっても，どうしても一方にかたよったり，狭い範囲にとどまってしまう。園外に出て行って，園内では経験できない生きた直接の体験を与える必要がある。……（中略）

……具体的な場所としては，花屋，靴屋，動・植物園，昆虫採集，海辺等をあげている。

⑼自然観察　幼児にとって自然界の事物・現象は驚異と興味の中心をなす未知の世界である。それで幼児期から素朴な直感によってものごとを正しく見，考え，正しく扱う基礎的な態度を養うことが大切である。但し，あくまでも幼児期の年齢・能力・興味に応じて行われるべきであって，幼児の疑問に対してもその時期の幼児を満足させる回答を与えてやることが大切で，最初から高きを求めてはならない。……（中略）

……具体的に月の活動が④小川あそび，⑤草花つみ，⑥かえるつり，⑦水あそび，⑨秋の草花つみ，⑩どんぐり拾い，⑪落ち葉拾い，⑫雪遊び，と示してある。

⑿年中行事　幼児の情操を養い，保育に変化と潤いを与え，郷土的な気分を作ってやる上から，年中行事はできるだけ保育に取り入れることが必要である。元来，わが国古来から行われている年中行事，ことに祭りなどは子どもが参加し，楽しむ行事になっている。例えば，３月のひな祭り，５月の端午の節句，７月のたなばたなどは子どもを中心にしている。これをそのまま保育に取り入れて，とても楽しみ合う気持ちを養うことができる。

幼稚園教育百年史

体化し，指導計画の作成のうえで役立つようにしたこと，３つめは幼稚園教育における指導上の留意点を明らかにしたことである。

また，保育要領では，保育の内容を楽しい幼児の経験として，その代表的な例をただ並べてあげただけで，系統的に組織付けられていなかったのに対して，同じく「幼稚園教育の内容として取りあげられるものは，幼児の生活全般に及ぶ広い範囲のいろいろな経験である」としながら，幼稚園教育の目標を達成するためには，「幼児の発達上の特質を考え，目標に照して，適切な経験を選ぶ必要がある」とした。そこで，その内容を健康，社会，自然，言語，音楽リズム，絵画製作の6領域に分類している。幼児の望ましい経験を内容として，それを目標にしたがって分類したものを領域といっているわけであるが，同時に「幼児の具体的な生活経験は，ほとんど常に，これらいくつかの領域にまたがり，交錯して現れる。したがってこの内容領域の区分は，内容を一応組織的に考え，かつ指導計画を立案するための便宜からしたもの」である。これらの領域は「小学校以上の学校における教科とは，その性質を大いに異とする」ことを力説し，「むしろこどもの自然な生活指導の姿で，健康とか社会とか自然，ないしは音楽リズムや絵画製作でねらう内容を身につけさせようとするのである」と述べている。そして，各領域に予想される「望ましい経験」を表示するようにしている。領域「環境」と関連する望ましい経験は**表3－6**の通りである。

(2) 幼稚園教育要領（1964〔昭和39〕年）

保育内容は第2章「内容」に記述してある。この幼稚園教育要領の特色をあげると，以下のようである。ア. 文部省告示となり，幼稚園の教育課程の基準として確立したこと。イ. 幼稚園教育の独自性を明確にしたこと。ウ. 教育課程の構成について基本的な考え方を明示したこと。エ. ねらいを精選し，領域は小学校以上の教科ではないことを示してその性格をはっきりさせたこと。オ. 望ましい幼児の経験や活動の意義をはっきりさせたこと。カ. 指導上の留意事項を明示したこと。

保育内容6領域は前回の幼稚園教育要領から引き継がれた。領域「環境」に関連した領域は「社会」と「自然」で**表3－7**のようである。

2　保育所保育指針等

保育所の保育内容は，保育要領（1948〔昭和23〕年）の内容を引き継ぎ，1950（昭和25）年「保育所運営要領」，1952（昭和27）年「保育指針」，1954（昭和29）年「保育の理論と実際」，同年「保育所の運営」，1965（昭和40）年「保育所保育指針」に示されている。以下，説明を加える。

(1) 保育所運営要領（1950〔昭和25〕年）

厚生省児童局編集の「保育所運営要領」が中央社会福祉協議会（全国社会福

表３－６　幼稚園教育要領の領域「環境」関連の望ましい経験（1956）

2　社会
⑷ 物をたいせつに使う。
⑺ 身近にある道具や機械を見る。（乗り物など）
⑻ 幼稚園や家庭や近隣で行われる行事に，興味や関心をもつ。
3　自然
⑴ 身近にあるものを見たり聞いたりする。
⑵ 動物や植物の世話をする。
⑶ 身近な自然の変化や美しさに気づく。
⑷ いろいろなものを集めて遊ぶ。
⑸ 機械や道具を見る。（おもちゃの構造など）

表３－７　幼稚園教育要領の領域「環境」関連の保育内容（1964）

2　社会
⑶ 身近な社会の事象に興味や関心をもつ。
3　自然
⑴ 身近な動植物を愛護し，自然に親しむ。
⑵ 身近な自然の事象などに興味や関心をもち，自分で見たり考えたり扱ったりしようとする。
⑶ 日常生活に適応するために必要な簡単な技能を身につける。
⑷ 数量や図形などについて興味や関心をもつようになる。

祉協議会の前身）から発行された。保育内容は，ア. 乳児の保育，イ. 幼児の保育，ウ. 学童の保育，エ. 家庭の指導について述べている。

イ. 幼児の保育の内容は，健康状態の観察，個別検査，自由遊び，午睡等と共に休息，間食，昼食（給食）である。

⑵ 保育指針（1952〔昭和 27〕年）

厚生省児童局編集の「保育指針」が発行された。生活指導の章で，ア. 習慣の形成（習慣形成の原則，望ましい個人的習慣，よい習慣の失われる条件），イ．遊びの指導，ウ．能力の育成（言語，描画，製作，音楽，リズム，自然観察，社会観察，勤労），エ．道徳の育成，オ．その他の生活指導（紙芝居，人形芝居，劇，読書，映画）が取り上げられている。

⑶ 保育の理論と実際（1954〔昭和 29〕年）

保育の内容については「保育所の保育内容は，学校の教科課程に相当するもの，音楽，リズム，絵画，製作，お話，自然観察，社会観察，集団遊びは自由遊びとなっている。(以下略)」と示されており，領域「環境」に関連するものは自然観察，社会観察である。

⑷ 保育所の運営（1954〔昭和 29〕年）

厚生省児童局保育課編集により，「保育所の運営」が発行された。全国社会福祉協議会が，1952（昭和 27）年から年 1 回開催していた全国保育事業大会の第 3 回研究大会が東京で開催されることになったので，保育所運営の手引となるように，その事務局から発行されたものである。その内容は，ア．保育所の社会的使命，イ．保育所の財政，ウ．職員の養成と社会保険，エ．保育所の給食，オ．保育所の衛生管理，カ．保育所の地域活動，の 6 章で構成されている。保育内容についての記述はない。

⑸ 保育所保育指針（1965〔昭和 40〕年）

1963（昭和 38）年「幼稚園と保育所との関係について」という通達が文部省初等中等教育局長，厚生省児童局長連名で出された。そのうち保育内容については「保育所のもつ機能のうち，教育に関するものは，幼稚園教育要領に準ずることが望ましい。これは保育所にいる，幼稚園該当年齢の幼児のみが対象である」と示された。

以上のことも踏まえ，翌々年保育所保育指針が策定された。

領域「環境」に関連する保育内容は第 6 章～第 9 章に記述されている。

幼稚園と保育所の幼稚園年齢該当児童の保育内容について統一が図られるべきだが，保育所保育指針の 3 歳児の教育は 4 領域「健康」「社会」「言語」「遊び」となっており，徹底されていない。

5節　平成時代以後（5領域の時代）のねらいと内容

平成になり幼稚園教育要領は1989（平成元）年，1998（平成10）年，2008（平成20）年，2017（平成29）年の4度改訂された。

保育所保育指針は1990（平成2）年，1999（平成11）年，2008（平成20）年，2017（平成29）年に改定（訂）されている。前回の改定の2008（平成20）年より厚生労働大臣の告示となり，それまでの保育計画のガイドラインという性格から変更された。この告示は，2006（平成18）年に認定こども園が法制化されたことにより，幼稚園と保育所の保育内容の均等性を示した。

幼保連携型認定こども園教育・保育要領は，初めて2014（平成26）年に告示され，2017（平成29）年に改訂，告示された。

1　幼稚園教育要領

(1) 幼稚園教育要領（1989〔平成元〕年）

25年ぶりに幼稚園教育要領が改訂され，6領域から5領域に変更された。

第1章の「1幼稚園教育の基本」では，ア. 幼児の主体的な活動を促し幼児期にふさわしい生活の展開，イ. 幼児の自発的な遊びを通して，ねらいが総合的に達成されること，ウ. 幼児1人ひとりの特性に応じて指導することが示された。第2章「ねらい及び内容」には「ねらいは幼稚園修了までに育つことが期待される心情，意欲，態度などであり，内容はねらいを達成するために指導する事項である」と示された。そして，ここに領域「環境」が初めて誕生した。

(2) 幼稚園教育要領（1998〔平成10〕年）

先回の改訂から10年が過ぎ，国際化，情報化，少子高齢化，経済構造の変化など我が国の社会変化を踏まえて，幼稚園教育要領が改訂された。

改訂の基本方針は，ア. 遊びを中心とした総合的指導の継続，イ. 幼児の主体的活動への教師による環境構成やかかわりの明確化，ウ. 豊かな生活体験を通して自我の形成と生きる力の基礎を培う（(ｱ) 心身の健康と道徳性，(ｲ) 自然体験，社会体験などの直接的，具体的生活体験の重視，(ｳ) 幼児期にふさわしい知的発達，(ｴ) 自我の芽生え，自己の抑制に対する細かい指導，(ｵ) 集団の中での自己実現)，エ. 小学校の指導への一貫性，オ. 子育て支援，等である。

保育内容は，文言については多少変更点があるが，新しく 9 番目の内容が 1 項目加えられた。標識や文字を，人間独自の道具としてとらえ，その道具を生活に取り入れていくという内容である。

⑶ 幼稚園教育要領（2008〔平成 20〕年）

教育基本法が 2006（平成 18）年に改正され，学校教育法が 2007（平成 19）年に一部改正された。子育て支援策として，2005（平成 17）年に次世代育成支援対策推進法が施行された。そういう背景の中で幼稚園教育要領が改訂された。

この改訂は次の 3 点を重視して行われた。1 つめが「発達や学びの連続性を踏まえて幼稚園教育を充実する」，2 つめが「幼稚園での生活と家庭などでの生活の連続性を踏まえた幼稚園教育の充実」，そして 3 つめは「子育ての支援と預かり保育の充実」である。内容は前回の幼稚園教育要領と同じ 11 項目である。

2　保育所保育指針

⑴ 保育所保育指針（1990〔平成 2〕年）

幼稚園教育要領が 25 年ぶりに改訂されたのに対応して，保育所保育指針が改訂された。保育内容については，保育に欠ける幼児への配慮から 3 歳児～就学までの 6 歳児では，5 領域以外に「基本的事項」が示された。また，発達年齢ごとに保育の内容が示された。よって，領域「環境」の内容も年齢毎に示された。

⑵ 保育所保育指針（1999〔平成 11〕年）

平成も 10 年を経て，保育所保育指針も再改訂された。育児不安をいだく保護者の増加等により，子育て支援や職員の研修について 1 つの章が追加されている。

領域「環境」の保育の内容は，前回の保育所保育指針に比べ，項目数，内容は若干の変更はあるが大きな差異はない。

(3) 保育所保育指針（2008〔平成 20〕年）

この改定で，今まで8つの発達区分毎に示されていた保育のねらい，内容はなくなり，第3章で全発達区分を対象としたねらい，内容が示された。保育のねらい，内容は養護と教育に関するものが示され，0～6歳（就学前まで）に適用された。領域「環境」の内容は①～⑫の 12 項目示されたが，例えば「⑩日常生活の中で数量や図形などに関心を持つ。」という文言が0歳の子どもにも，5歳の子どもにも適用された。年齢の低い子どもに当てはめるには「数量や図形の基礎」と読み替える必要があった。

3　幼保連携型認定こども園教育・保育要領

初めて 2015（平成 27）年施行のこの幼保連携型認定こども園教育・保育要領の第1章総則の冒頭に「乳幼児期における教育及び保育は，子どもの健全な心身の発達を図りつつ生涯にわたる人格形成の基礎を培う重要なものであり，幼保連携型認定こども園における教育及び保育は，就学前の子どもに関する教育，保育等の総合的な提供の推進に関する法律（以下「認定こども園法」という。）第2条第7項に規定する目的を達成するため，乳幼児期の特性及び保護者や地域の実態を踏まえ，環境を通して行うものであることを基本とし，家庭や地域での生活を含め園児の生活全体が豊かなものとなるように努めなければならない。」と，この幼児教育施設の意義が示されている。

この幼保連携型認定こども園教育・保育要領では，乳幼児の生活にはまず養護の指導，すなわち生命の保持，情緒の安定が大切であり，その上で保育のねらい，内容があるととらえている。その内容は幼稚園教育要領の 11 項目とほぼ同じで，保育所保育指針の 12 項目とは若干差異がある。この保育内容を0～6歳（就学前まで）のすべての乳幼児に適用していた。

6節　現行幼稚園教育要領のねらいと内容

現行の幼稚園教育要領（以後「教育要領」と表す）は2017（平成29）年３月に告示された。2015（平成27）年度から子ども・子育て支援新制度が発足し，具体的には幼保連携型認定こども園教育・保育要領（以後「教育・保育要領」と表す）が2014（平成26）年に告示され，2015（平成27）年度より施行された。これにより，幼児教育施設は幼稚園，保育所，幼保連携型認定こども園（他の３類型の認定こども園も一部残っている）の３種類となった。

2017（平成29）年には保育所保育指針（以後「保育指針」と表す）も含め，３種の幼児教育施設の教育・保育の全体的な計画（教育課程，保育課程を含む）の基準がそろって改訂（改定）告示され，2018（平成30）年度から施行される。

そういう状況の中で，３つの基準において以下に示す「資質・能力の３つの柱」「幼児期の終わりまでに育ってほしい（10の）姿」「3歳以上児の保育のねらい」に内容は統一された。「資質・能力の３つの柱」は幼児期から高校までを通じて育成を目指すもので，幼児期ではそれらの基礎的なところをねらっている。

表3－8　資質・能力の３つの柱

３つの柱	幼児期の３つの柱
知識・技能	知識及び技能の基礎
思考力・判断力・表現力等	思考力・判断力・表現力等の基礎
学びに向かう力・人間性等	学びに向かう力・人間性等

表3－9　幼児期の終わりまでに育ってほしい姿

①健康な心と体，②自立心，③協同性，④道徳性・規範意識の芽生え，⑤社会生活との関わり，⑥思考力の芽生え，⑦自然との関わり・生命尊重，⑧数量や図形，標識や文字などへの関心・感覚，⑨言葉による伝え合い，⑩豊かな感性と表現

表3－10　領域「環境」のねらい（3歳以上の幼児教育施設共通）

教育要領第2章ねらい及び内容に「この章に示すねらいは，幼稚園教育において育みたい資質・能力を幼児の生活する姿から捉えたもの」と示されている。具体的には以下のとおりである。

環境〔周囲の様々な環境に好奇心や探究心をもって関わり，それらを生活に取り入れていこうとする力を養う〕

1　ねらい

(1)　身近な環境に親しみ，自然と触れ合う中で様々な事象に興味や関心をもつ。

(2)　身近な環境に自分から関わり，発見を楽しんだり，考えたりし，それを生活に取り入れようとする。

(3)　身近な事象を見たり，考えたり，扱ったりする中で，物の性質や数量，文字などに対する感覚を豊かにする。

表3－11　領域「環境」の内容（3歳以上の幼児教育施設共通）

教育要領第2章ねらい及び内容に，「内容は，ねらいを達成するために指導する事項である」と示されている。具体的には，次の12項目があり，前回の教育要領に加えられたのが(6)，一部加筆されたのが(8)である。

(1) 自然に触れて生活し，その大きさ，美しさ，不思議さなどに気付く。

（説明）クモの巣に光る露に心を動かしたり，自分で育てた花から取れた種をそっとポケットにしまい込んだり，幼児が心を揺り動かす場面を大切にして指導する。自然と出会い，その大きさ，美しさ，不思議さに感動する体験は，自然に対する畏敬の念を育て，自然に親しみをもち，自然への愛情を育てるうえで大切である。また，この感動する体験は，将来への科学的な見方や考え方の芽生えを培う基礎となる。

(2) 生活の中で，様々な物に触れ，その性質や仕組みに興味や関心をもつ。

（説明）園庭でだんごづくりに興味をもつ幼児は，何度もだんごをつくる中で，同じ土がその湿り具合により性質が異なることを知っており，芯《しん》にする土，まわりを固める土，乾いた土など，うまく使い分ける。

(3) 季節により自然や人間の生活に変化のあることに気付く。

（説明）5月になると，山の樹木はいっせいに芽を出し緑がまぶしい季節を迎える。秋になるとドングリなどが実を付ける。人間も同じように，6月には暑い時期を迎え衣替えをする。逆に，冬の寒い時期はオーバーなどで身を包む。身近な生活とのかかわりの中で，季節の変化を感じている。

(4) 自然などの身近な事象に関心をもち，取り入れて遊ぶ。

（説明）風つまり空気の流れを利用して，紙飛行機や凧で遊ぶ。朝顔の花が多く咲く夏には，それらをビニル袋に集め色水遊びをする。身近な事象を取り入れて遊びながら，関心をもち，さらに遊びを豊かなものとする。

(5) 身近な動植物に親しみをもって接し，生命の尊さに気付き，いたわったり，大切にしたりする。

（説明）キンギョ，カタツムリ，コオロギなどは保育室でプラスチックのケースで飼育できる。固定の小屋でセキセイインコやウサギを本格的に飼育する。切り花を持参する子どもがいれば，保育室の花瓶《かびん》に生けるようにする。保育室前の畑やプランターで野菜を作り，可能なら食べるようにする。食育にも利用できる。

(6) 日常生活の中で，我が国や地域社会における様々な文化や伝統に親しむ。

（説明）子どもは身近な行事をイメージしながら生活している。年中行事を取り上げ，4月は入園式，5月は子どもの日，端午の節句，母の日，6月は時の記念日，父の日，7月は七夕など，季節を通して行事を経験して，さらにイメージを膨らましていく。それらが地域に根付いたものが文化や伝統となっていく。

(7) 身近な物を大切にする。

（説明）自分が大事に思うものを大切にする習慣を付ける。大切な物があり，大切な人がいるから，子どもは安定して生活できる。物を大切にする保育者や友だちの中で，健やかに成長していく。

(8) 身近な物や遊具に興味をもって関わり，自分なりに比べたり，関連付けたりしながら考えたり，試したりして工夫して遊ぶ。

(説明) シーソーで遊ぶ子どもは，てこの原理の実践者である。何度も友だちとギッタンバッタンと繰り返す中でその仕組みがどうなっているかを考え，気付いたことを確かめ，心地よいリズムの中で何度も遊ぶ。

(9) 日常生活の中で数量や図形などに関心をもつ。

(説明) 朝の園庭で友だちが漕《こ》ぐブランコの回数を数えることや，朝の会での出席調べなど，生活や遊びの中で数量にかかわることは多い。

午後のおやつはみんな3個ずつ，このお菓子はまん丸，ネコのお目々みたいなど，生活の中で友だちや保育者と関わりながら，数量や図形に関心を深めていく。

(10) 日常生活の中で簡単な標識や文字などに関心をもつ。

(説明) カニさんシールは翔太君の机。今日は園庭に黄色の旗が立ててある。残念外遊びはなしだ。この帽子は「つばさ」って名前が書いてある。子どもが幼稚園の生活の中で標識やマーク，文字に出会う機会は多い。子どもは遊び感覚で関心を深めていく。保育者は，子どもの気付きを大切にしてそれを援助していきたい。

(11) 生活に関係の深い情報や施設などに興味や関心をもつ。

(説明) 子どもの会話の内容はテレビのキャラクターに関することが多い。保育者は子どものテレビ番組に目を向けることも大切である。また，子どもは降園時に保護者と行ったスーパーなどについてよく話題にする。保育者自身が幼稚園付近の施設について興味や関心を日頃からもつことが大切である。

(12) 幼稚園内外の行事において国旗に親しむ。

(説明) 子どもが国旗に関わる幼稚園の行事は運動会である。運動会では掲げてある万国旗を見て，世界にはいろいろな国があることを知る。また，最近はオリンピックなどの国際大会もテレビ放映されることが多く，映像を通して世界の人々の生活に触れる機会も多い。運動会に限らず，いろいろな行事を通して多くの国の人と関わり，たくさんの文化に触れていけるようにしたい。

7節　現行保育所保育指針のねらいと内容

前回の保育所保育指針では，保育内容は養護と教育が一体化したもので，教育の5領域のうちの一つが領域「環境」であり，その内容は0歳～6歳（就学前まで）のすべての乳幼児に適用された。今回の改定で，第2章保育の内容に，年齢区分が⑴乳児（0歳児），⑵1歳以上3歳未満児，⑶3歳以上児と設けられた。⑶3歳以上児の各領域の内容が教育要領，保育指針，教育・保育要領で統一されたことは前述したとおりである。

⑴乳児の領域は3つの視点「ア　健やかに伸び伸びと育つ」「イ　身近な人と気持ちが通じ合う」「ウ　身近なものと関わり感性が育つ」に分けられている。領域「環境」の内容が含まれているのはウの視点である。以下に，ウのねらい，内容について示す。さらに，⑵1歳以上3歳未満児の領域「環境」のねらい，内容について示す。

表3－12　乳児（0歳児）の保育の視点「ウ」の保育内容等

乳児保育に関わるねらい及び内容 ウ　身近なものと関わり感性が育つ〔身近な環境に興味や好奇心をもって関わり，感じたことや考えたことを表現する力の基盤を培う。〕 ㋐　ねらい ①　身の回りのものに親しみ，様々なものに興味や関心をもつ。 ②　見る，触れる，探索するなど，身近な環境に自分から関わろうとする。 ③　身体の諸感覚による認識が豊かになり，表情や手足，体の動き等で表現する。 ㋑　内容 ①　身近な生活用具，玩具や絵本などが用意された中で，身の回りのものに対する興味や好奇心をもつ。 ②　生活や遊びの中で様々なものに触れ，音，形，色，手触りなどに気付き，感覚の働きを豊かにする。 ③　保育士等と一緒に様々な色彩や形のものや絵本などを見る。

④　玩具や身の回りのものを，つまむ，つかむ，たたく，引っ張るなど，手や指を使って遊ぶ。
⑤　保育士等のあやし遊びに機嫌よく応じたり，歌やリズムに合わせて手足や体を動かして楽しんだりする。

表3－13　1歳以上3歳未満児の領域「環境」の保育内容等

ウ　環境〔周囲の様々な環境に好奇心や探究心をもって関わり，それらを生活に取り入れていこうとする力を養う。〕
(ア)　ねらい
①　身近な環境に親しみ，触れ合う中で，様々なものに興味や関心をもつ。
②　様々なものに関わる中で，発見を楽しんだり，考えたりしようとする。
③　見る，聞く，触るなどの経験を通して，感覚の働きを豊かにする。
(イ)　内容
①　安全で活動しやすい環境での探索活動等を通して，見る，聞く，触れる，嗅ぐ，味わうなどの感覚の働きを豊かにする。
②　玩具，絵本，遊具などに興味をもち，それらを使った遊びを楽しむ。
③　身の回りの物に触れる中で，形，色，大きさ，量などの物の性質や仕組みに気付く。
④　自分の物と人の物の区別や，場所的感覚など，環境を捉える感覚が育つ。
⑤　身近な生き物に気付き，親しみをもつ。
⑥　近隣の生活や季節の行事などに興味や関心をもつ。

8節　現行幼保連携型認定こども園教育・保育要領

幼保連携型認定こども園では，従来幼稚園で保育していた子どもと保育所で保育していた子どもがいることを配慮しなければならない。具体的には1日の保育時間の長短，長期休業の有無などへの配慮である。保育内容はほぼ保育所の内容が適用される。ただし，前述の幼稚園，保育所と明記されているところは幼保連携型認定こども園と読み替える。

引用・参考文献

岡田正章ほか　戦後保育史第一巻　フレーベル館　1980
岡田正章ほか　戦後保育史第二巻　フレーベル館　1980
倉橋惣三・新庄よし子　日本幼稚園史（復刻版）　臨川書店　1983
厚生省児童家庭局　保育所保育指針　日本保育協会　1990
厚生労働省　保育所保育指針　フレーベル館　2017
厚生労働省　保育所保育指針解説書　フレーベル館　2008
内閣府・文部科学省・厚生労働省　幼保連携型認定こども園教育・保育要領　フレーベル館　2017
内閣府・文部科学省・厚生労働省　幼保連携型認定こども園教育・保育要領解説　フレーベル館　2015
日本保育学会　日本幼児保育史第1巻　フレーベル館　1968
日本保育学会　日本幼児保育史第2巻　フレーベル館　1968
日本保育学会　日本幼児保育史第3巻　フレーベル館　1969
無藤 隆・汐見稔幸・砂上史子　ここがポイント！３法令ガイドブック——新しい『幼稚園教育要領』『保育所保育指針』『幼保連携型認定こども園教育・保育要領』の理解のために　フレーベル館　2017
文部科学省　幼稚園教育要領　フレーベル館　2017
文部科学省　幼稚園教育要領解説　フレーベル館　2008
文部省　幼稚園教育指導書増補版　フレーベル館　1989
文部省　幼稚園教育百年史　ひかりのくに　1979
文部省　幼稚園教育要領　1964
文部省　幼稚園教育要領解説　フレーベル館　1999
文部省幼稚園課　幼稚園教育必携　第一法規　1974

4章
乳幼児の自然認識の発達と領域「環境」

1節 「環境としてのもの・人」を求める存在としての赤ちゃん

地球上の生き物はさまざまな形で種を存続させるが，生後から巣立ちするまでの道のりは大きく2種類に分けられる。1つは生まれた直後に自力で動けるようになり，食物を求めて巣を出る「離巣性《りそうせい》」の種である。これらの種は系統発生的に上位であり，サルやウマなどの動物がそれにあたる。もう1つは生まれた直後は視覚や聴覚などの感覚器官が未成熟で自力で歩くこともできず，しばらく巣に留まる「就巣性《しゅうそうせい》」の種である。これらの種は系統発生的に下位とされ，ネズミやイヌなどの動物がそれにあたる。それでは人間の赤ちゃんはどちらにあたるのであろうか。人間の赤ちゃんは生まれた直後は感覚器官も身体能力も未成熟であり，養育者からの保護が無ければ自力で生きていくことはできない。この特徴からすると系統発生的に下位である「就巣性」に属すると考えられる。しかし，脳が最も発達し，進化した種であるヒトは生後すぐから優れた感受性を有していることが明らかにされており，その特徴からヒトは「離巣性」に属する。そこで，本来ならば離巣性であるはずだが，就巣性の特徴をも有している人間の赤ちゃんをポルトマン（Portmann, A., 1897 ～ 1982）は「二次的就巣性」と呼んだ。ではなぜ，進化の頂点にある人間が就巣性の特徴である無防備で未熟な状態で生まれてくるのであろうか。

人間は他の生物の移動方法とは決定的に違う「二足歩行」が可能である。二足歩行が開始されたため，視野が広がり手指を自由に使えるようになり，それがさらなる大脳の発達をもたらした。大脳の発達とは，脳そのものの大きさの変化も意味する。従って人間の赤ちゃんが生体機能を十分に有する頃には，すでに産道を通れる以上の大きさに大脳が発達してしまっている。そこで，安全に出産するために１年程早く母胎の外へ出ることが必要となったのである。この人間特有の出産の仕組みをポルトマンは「生理的早産」と呼んだ。そのため身体能力や感覚器官の発達は当然未熟である。しかし，胎内にいるときから聴覚はすでに働いており，出生直後からぼんやりとではあるが視力もある。赤ちゃんは自分の持っているこれらの感覚器官を総動員して外界を自発的に取り込もうとするが，この行動こそがモノとのかかわりを促し，発達する者としての人間の特徴であると言える。また，生理的早産は，母子ともに無事であるために採られた生物学的方法であるが，赤ちゃんが未熟で生まれてくるからこそ養育者による手厚い育児が必要となるのだ。このようにして，人間は生まれながらにして他者との厚い関係性を持たざるを得ない存在となっており，この特徴こそが人とのつながりを求める者としての人間であることを意味している。このように人間は生まれながらにしてもの（外界）と人，つまり「環境」を求める存在であるため，この生物学的な進化の過程から考慮しても，環境を十分に整えることの重要性が明らかであろう。

２節 「ものとの出会い」

１　ものへのアプローチ

赤ちゃんにとって外界は果てしなく未知の世界であるため，当然やわらかい・ごわごわしているなどのものの質感の感覚と視覚が一致していない。そのため，赤ちゃんは能動的にそれらの探索を始める。そして，「自分ともの」という二項関係を成立させるのだが，ピアジェ（Piaget, J., 1896～1980）は赤ちゃんが自ら環境を取り入れ，理解する過程を「同化」と「調節」という言葉で言い表した。「同化」とは外界とかかわる中で，自分の中での枠組みに合うようにその事象を理解することで，「調節」とは外界の事象に合わせて自分の枠組みを変化させることである。同化と調節という概念は主に乳児期の発達的な特徴としてあげられるが，どの年代の人間であれ，未知のものなどに出会った時には自然と行っているのではないだろうか。このように，人間は乳幼児期からすでに探索する者として存在しており，常に自分の中に新しい情報を得ることを求める者と考えられる。

しかし大人は子どもと違い，見ただけで「知っている」と感じたり，ものの主な使用法を知っているがために新たな発想が貧困になりがちであったりすることが多い。子どもにはいい意味で余計な知識が入り込んでいないため，ものの一般的な使用法を越えた使い方を発見することがあり，その使い道は大人の理解を大きく上回ることが多い。つまり，ものは単なるものに過ぎないわけではなく，子どもにとっては無数のアプローチが可能な対象だということである。

2　ものが発する意味

子どもの周りには数えきれない自然物・人工物がある。種類や量はもちろんであるが，その感じ方，また使い方なども無限である。子どもは多くのものから提供される多様な意味を感じ，多様なかかわりをしている。このように，もの（環境）が意味を提供しているというとらえ方を，ギブソン（Gibson, J., 1904～1979）はアフォーダンス（affordance）と呼び，この概念は，生態心理学などのさまざまな分野で扱われている。2017（平成29）年に告示された幼稚園教育要領においては，「幼児期の終わりまでに育ってほしい姿」の一つとして，「豊かな感性と表現」が明記されている。これは，子どもが心を動かして感性を働かせ，さまざまな素材の特徴や表現の仕方などに気付くことを通して育まれるものである。人間は，ものが発する多様な意味をその場の状況や文脈に応じて理解してかかわっているのだが，佐々木（1996）は，保育環境は子どもに豊かな意味（アフォーダンス）を提供するべきだと述べている。しかしそのためには，保育者自身が環境からの多様なアフォーダンスを柔軟に感じ取る必要がある。「カップは入れ物である」のように，その用途を一般的もしくは一義的なものに限定せず，子どもがあらゆるかかわり方をできるように環境を構成することが大切である。

3節　人との出会い

1　自ら人を求める

1節でも述べたように，赤ちゃんは生まれた直後から視力を持っている（おおむね 0.1 以下であり，養育者の胸に抱かれてちょうど顔が認識できる程度のものといわれている）が，赤ちゃんにとっては見るもの全てが新奇で興味深いであろう。しかし，取捨選択することなく全てを見聞きしているのではないことが分かっている。ファンツ（Fantz, R.L., 1963）はいくつかの図版を赤ちゃんに見せ，注視時間を計ったが，人間の顔を模した図版に対しての注視時間が最も長かった（**図4－1**）ことから，赤ちゃんは興味のある対象を選択的に注視する力を持っていることを明らかにした。この力は目に映るさまざまな対象から人の顔を抽出する力であり，養育者への接近を促し自分の生命維持を図るとともに，温かな情緒の交流を得るための大切な機能なのである。

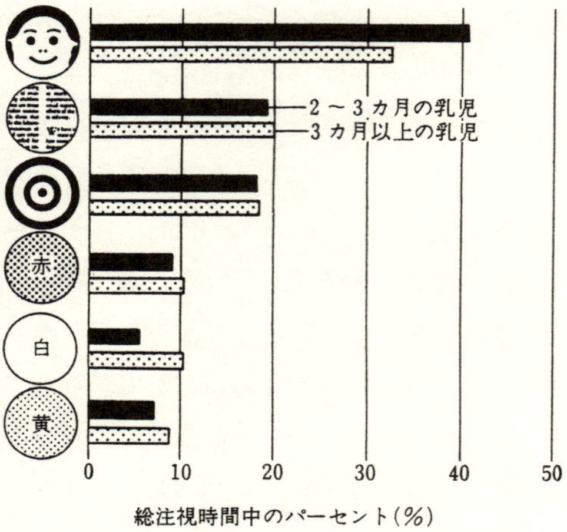

図4－1　各パターンに対する選好注視

ファンツ（1961）

赤ちゃんがこのような選択的注視能力の下に漠然と人の顔を好む段階から，特定の人の顔を求める時期（いわゆる人見知り）になると養育者は「自分を求めてくれている」という実感を持ち，わが子に対しての愛情もひとしおとなる。そしてわが子へ惜しみない愛情を注ぎ，スキンシップを図るとともに絶え間なく語りかけ，微笑みかける。それに呼応するように赤ちゃんも笑顔を見せる。このような，生誕直後から形成される赤ちゃんと養育者との特別な情緒的結びつきのことをボウルビィ（Bowlby, J., 1907 ～ 1990）は愛着（attachment）と呼んだが，健全な愛着関係を結ぶことは，エリクソン（Erikson, E.H., 1902 ～ 1994）のいう，基本的信頼感（basic trust）を育むためにも重要である。基本的信頼感とは，「他人は信じられる」と感じる他者信頼感と「自分は存在していていいのだ」と感じる自己信頼感の両方を含むものであるが，乳児期に健全な愛着関係が形成されることが，その後の安定した人間関係の構築に必要であるといわれている。この愛着関係は，時としてうまく形成されないこともある。しかし乳児期にしか成立し得ないというものではなく，特定の信頼できる存在との強い精神的結びつきがあれば，時期が遅れても可能なものである。子どもにとって保育者は，第二の生活の場においての頼るべき大切な存在である。このような観点からしても，「人は信じられるのだ，自分はここにいてもいいのだ」という感覚を子どもが疑いなく持てるような環境を保障することが，第一に考えるべきことではないだろうか。

2　共に見て共有する

人が見ている方向や指さしをした方向を思わず見てしまうことはないだろうか。このように，他者が指したものを共に見ることを共同注視（joint attention）という（**図4－2**）。共同注視は他者が意識している対象と方向を認知し，他者の意図をくみ取って的確に反応しなくてはならない。この能力は高度な知的能力を持っているからこそであり，実際イヌやネコなどの動物では不可能である。乳児の初期においては大人が指さしたものを見るのみであった子どもは，9ヵ月頃になると自ら興味の対象を指

図4－2　共同注視

さし，大人に知らせる行動が見られるようになる。そして12ヵ月を迎える頃になると指さして質問をするということも行うようになる。共同注視の際には，例えば親が自分の意識に止まり，子どもと共に見たいと思った対象を指さし（もしくは視線のみで方向を指し），「ほら見てごらん！〇〇だよ，すごいねぇ」などと感想を述べることが多い。このなにげないやりとりは，特に乳児期の子どもにとって非常に重要な学びの場でもあると同時に，“共に同じ空間に存在し，同じものを見て，同じ気持ちを持つ”という点においても大切な経験となる。この経験の積み重ねによって他者感情の理解を発達させ，共感性の源をつくっているのである。このように日常生活の中で意識せずとも行っている大人と赤ちゃんのやりとりは，大人の思いもしないところで人の心の発達を促しているのである。

3　もの（環境）を媒介としたコミュニケーション

共同注視に始まる指さし行動は，それまでの「自分と他者（主に養育者）」という2項関係を脱し，ものを介して他者とコミュニケーションをとる3項関係への移行も意味する。2項関係の間は，たとえおもちゃを使って赤ちゃんをあやしていたとしても，赤ちゃんがそのおもちゃを養育者と共有して遊ぶことはない。しかし3項関係になると，おもちゃのやりとりを行うなど，共に遊ぶようになる。また，3項関係は言葉の発達にも大きく影響する概念である。例えば「実際のクルマ・ku-ru-maという発音・車の意味」という3つの関連性を理解できなければ，言葉の理解は困難になる（**図4－3**）。その意味で言葉の理解は3項関係の成立を必要とするのだが，1歳を迎える頃になる

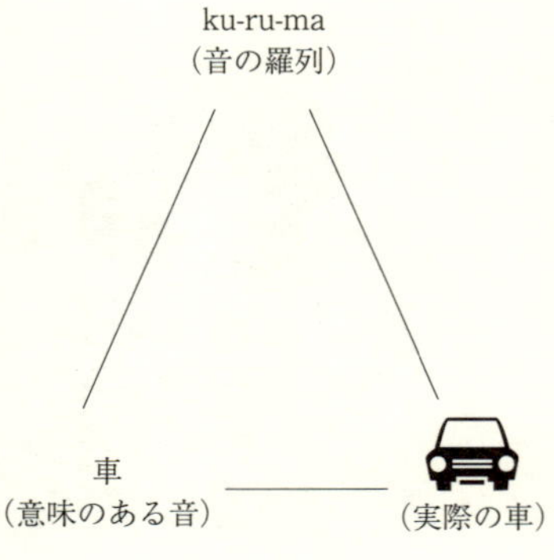

図4－3　言葉の理解に必要な3項関係

と「自分・他者・もの」の３項関係が成立し，同時に言語発達の基盤ができ始めるということは非常に興味深いことである。

4節　自然との出会い

1　みんな生きているという感性

子どもには，この世に存在する多くのものに生命や感情があると感じる「アニミズム（animism）」という素晴らしい感覚が備わっている。特に，受動的にせよ能動的にせよ動くもの（風で揺れる葉・自転車などの乗り物・月など）に対してはその意識が強く働き，「お花がバイバイって言ってる」などのように子ども独特の感性を持ってとらえることが多く見られる。アニミズムをもって自然をとらえることは，生物でない対象を生物と考えたり，感情を持たない生物に対して人間が持つような感情を付与したりするという点において生物学的に誤ったとらえ方である。子どもは人間と他の生物を混同しているという意味において人間を含む生物に対しての知識が発達の途上であり，アニミズムはその未熟さを示していると言えるかもしれない。しかしアニミズムを元にした自然のとらえ方は，子どもにとって実感，理解することが難しい「自然」や「自然現象」などを，自ら最も身近な人間の動きになぞらえて理解しようとしているという点で理にかなったとらえ方を自主的に選択しているとも考えられる。このように子ども自身がわかりやすい方法で自然を生き生きと感じ，自身の中に実感としてその体験を植えつけることによって，子どもの世界をさらに広げると共に感性を豊かに育んでいるのである。

2　生き生きとしたとらえ

アニミズムと類似した概念として挙げられるものに「擬人化」がある。擬人化とは，人間ではないものや生物をあたかも人間であるかのようにとらえることである。この理解のしかたは，子どもにとって未知の事柄をとらえるために非常に効果的である。われわれ大人も，見たことのないものに対して「○○みたい，○○に似ている」というようにすでに見知っているものに例えて理解しようとすることがある。子どもにとって最も身近な存在はやはり人間であろう。そのため，動植物をはじめとする生物，自然現象などを人間の生活や身体機能，感情などに例えて理解するのである。このように，子どもは自分が持っている人間についての豊かな知識を使って他の生物の生物学的特徴を推理し，理解することによって素朴生物学（稲垣, 1995）の知識を得ている。素朴生物学とは，人間とは外見がまったく違う生物も食べ物を食べて排泄するなど，人間と同様の生活スタイルであることに気付き，そのような生物も人間と同じ生物学的属性を持つことに気付くようになるという概念である。このように生物をとらえる姿勢は，自らが今持っている知識を最大限に生かしながら，しかも比喩的に理解するという点で知的に洗練された理解の仕方と考えられ，決して単なる子どもっぽさに留まるものではないといえよう。

子どもたちは自然界のさまざまな事物に対して人間の特徴を付与することで親近感を持って外界の現象を理解し，とらえている。このような子ども独特の思考方法は，子どもが自然界・生物界などを理解する際に大きな手助けとなるものである。このことは逆に考えると，子どもにとって理解しやすい人間の様態で自然界を説明することが，子どもの自然理解を促すともいえよう。保育者をはじめとする大人は子どものこのような感じ方を受容し敬意を払いつつも，時に応じてその生物種独自の生態を伝えることにより，さらに生き生きとした自然とのかかわりを子どもに提供することが望まれる。

3　死を理解するということ

子どもも大人と変わらず多くの死に直面する。しかし，死ぬこととはどういうことなのか，それ自体を子どもはどれ程理解しているのだろうか。子どもの死生観についての研究は多く見られるが，特に「普遍性（生物である限り避けられず，全てのものが経験すること）」「体の機能の停止（心肺機能など全ての機能が停止すること）」「非可逆性（死んだら生き返れないこと）」についての

3点に焦点を当てているものが多い。死の理解については年齢によるとするもの，認知発達によるとするもの，文化・宗教的な背景によるとするものなどさまざまな視点からその発達的認識の差異を明らかにすることが試みられているが，総合して年齢的変化でとらえると3～5歳児は30％程度の子どもが自分の周りの人間は死なないと思っており，体の機能が停止しても可能なことがあると信じ（死んでも目が見えるなど），死んでも生き返ることができると思っている。しかし，6～8歳児においては90％程度の子どもが皆いつかは死ぬと理解しており，死んだら見聞きすることができないと思い，生き返ることは不可能であるという理解を示している。

このように，死という生物的現象のとらえには，ある程度の発達的変化が認められる。しかし，同時に，人間は死んだ後生まれかわるという「生まれかわり思想（仲村，1994）」が，6～8歳以降，年齢の増加とともに漸増傾向を示している。この事実は死後の世界についての感じ方とも関係しており，3～5歳においては死後の世界についてのイメージが明確には現れなかったが，6～8歳以降の子どもは「いやな感じ」というイメージを抱いているという。つまり，死は避けられないものであり，自分にもいつか訪れるものであることを自覚し，同時に死についての具体的でネガティブなイメージが想起されるからこそ「生まれかわれる」という希望を抱くと考えられるが，子どもにとって受け入れ難い事実である死を受け入れるためにこのような思考が表れるということに，子どものイメージ力の大きさ，その存在の偉大さを感じずにはいられない。

4　死を目の前にして

死の理解について，「認識」の上ではおおむね上記のような発達的変化を取るといえる。しかし頭で理解することと，心から死を感じ，深い悲しみに沈み，喪失感を味わうということは大きく違う。また当然のことであるが，ただ生物の死の経験を多く重ねれば死生観が深みを増すというわけでもないであろう。酪農家の娘として生まれ育ったある20代の女性は，「ものごころがついた頃から，自分の周りでは何の疑問もなく家畜の死が繰り返されてきた。私は，家畜を“かけがえのない命を持つもの”として認識していなかったように思うし，生き物を飼って子どもと育て，その死を看取るということの意義がはっきりとは分からない」と述べている。もちろんこの経験は個人的なものであり，決して一般化できるものではない。

一方，これは筆者自身の経験だが，両親の影響で常に何らかの生き物に囲まれて育った私は，生き物の死に直面することも多かった。そこで自覚していることは，当然ではあるが，かわいがって育てていた生き物と，格別な思いのなかった生き物の死はまったく別のものとして感じるということである。また，自分になついていた生き物とそうではない生き物に対しても，その死の受け止め方には違いがあった。対象が，飼い主との関係性が深いといわれる動物であれ，心の交流をあまり感じられない昆虫であれ，子どもは，深い思いを持って育てた生き物の死を通して，死と生について現実味を持って感じるのではないだろうか。以下も筆者の経験であるが，小学校１年生の時，学校のニワトリが卵を抱いているのを見付け，それを先生に伝えた。すると先生は「ニワトリが一生懸命産んだ卵をありがとうって気持ちで食べてね」と私に下さった。家に帰り早速母親に渡し，割ってもらったのだが，なんとそれは産んでから幾日か経った有精卵で，中から明らかにヒヨコとなるであろう生《せい》のかたまりが出てきたのだ。私はその時の衝撃を今でも忘れられない。ヒヨコを図らずも死に追いやってしまったことと，親鳥が大切に育ててきた卵を急に取ってしまった自身のエゴイズムと，生あるものを食して自身が生きているという現実に直面し，言葉にはならない感覚に包まれた。このニワトリは私にとって「特別」な存在ではなかったが，子どもにはかなり衝撃が強い光景を通して，「死」と「生」について深く考えざるを得ない経験となった。

もちろん具体的な死を経験しなくとも，子どもは命の重さや尊さに対する認識は有しているであろう。さまざまな死にまつわる話を聞き，それを理解するためには，抽象概念の理解と共感性などが必要となる。そのため，主に児童期の子どもたちに該当することであるが，他者の死を，自身の生活や経験と照らし合わせ，深い共感性を持って理解することができる（浅川，2006）。命の重さや尊さを理解するためには，子ども自身が愛され，自分の存在価値を感じていることが重要である。死を理解するということは，生の重さを理解することでもあり，多くの愛される経験を持つ子どもは，命の大切さを実感としてとらえる。その意味で，死と生についての理解と学びは，すでに母胎にいるときから始まっているのかもしれない。

5節　子どもの育ちを支える保育者

1　センス・オブ・ワンダー

センス・オブ・ワンダー（sense of wonder）とは，カーソンの著作（Carson, R., 1965）に由来する用語で，子どもが未知なる自然に遭遇し驚きを感じたり，美しいものに感動したりする感性のことである。子どもにとっては，日常生活で経験すること全てが，驚きに満ちたものだとも言えよう。カーソンは著書『センス・オブ・ワンダー』の中で，知ることは，感じることの半分も重要ではないと述べている。つまり，真の知識とは，興味や関心や感動を覚え，心を動かされた対象について，自ら「もっと知りたい，もっと感じたい」と思い，追究することから得られる。

子どもたちに人気の生き物にダンゴムシがいる。ダンゴムシは，子どもたちにも恐怖感を感じさせることが少なく，多くの短い脚で器用に動き回り，ちょっと驚かせるときれいに丸くなる。この変化の様子と，動きの面白さと，人間に危害を加えない安心感から，子どもにとっては恰好の遊びの対象といえる。そのため，時に子どもは大量のダンゴムシをポケットに入れていたりする。その光景を目にしたとき，面白がって子どもと楽しめる保育者もいれば，正直言って勘弁してもらいたいと思う保育者もいるであろう。もちろん，無理にダンゴムシを「かわいい」と思う必要はない。人間には，どうしても受け入れ難いものが存在することもあろう。しかし，ただ一つ，子どもはセンス・オブ・ワンダーの元にそのような行為に至ったということだけは理解することが必要ではないだろうか。そしてまた，大人の身勝手な解釈によって子どもたちの持つセンス・オブ・ワンダーの芽をつみ取ることだけはしてはならない。

前節でも述べたが，子どもたちは，未知の自然現象や生き物に対して，アニミズムや擬人化という方法を積極的にとることで，自分なりの理解を獲得している。この方略は，ピアジェの認知発達理論に即して考えると，自己中心性（egocentrism）の表れと言えるが，現時点で自分が持っている経験，知識を総動員して，自分が今遭遇している現象を理解しようとする，積極的なアプローチ法とも考えられる。環境に対する子どもの積極的なかかわりを充実したものにするために，保育者として必要な支援は，まず，子どもたちが存分に外界を感じられる時空を保障すること，次に，子どもの気付きや驚き，感動を真っ直ぐに感じられる感性を持ち，子どもが感じ入っている対象とその場を，心理的にも物理的にも共有することと考えられる。このような，保育者による共感的対応は，子どもに安心感と有能感を与える。子どもの知的好奇心は，そこから芽生えるものではないだろうか。保育者は，子どもの感性に追いつくように，日々感覚を研ぎ澄まし，感性を磨くことを忘れてはならない。

2　自然と子どもの架け橋として

筆者は，数年に渡り，非常に山深い村で体験授業を行ってきたが，何度訪れても，星空の美しさと山のつややかな緑色に感動を覚える。その感動は，共に訪れる学生にとっても大きな感動体験となる。しかし，その村で生まれ育った方々は，「私たちにとっては当たり前（にある自然・光景）だけれど，外から見ると美しいと感じるものなんだね」と，私たちの感動を，意外性と共に受け入れられる。豊かな自然環境と共に生きることは，外からでは分かり得ない大変なご苦労を伴うであろうし，自然は時に人間にとって脅威となる。しかし，やはり，自然がもたらす美しさに伴う感動は，言葉で表現し尽くせないほどに素晴らしい。その美しさを，私たちが新鮮な驚きと共に味わうことができたのは，それが非日常な事象だからであろう。そして，この驚きこそが，子どもが生活の中で，日常的に感じている感動なのかもしれない。

子どもは幾多の経験を通して，自然を肌の感覚と共に感じる。しかし，経験したことが子ども自身の中に息づき，知識や自尊心や共感性などの源となるためには，経験の量だけではなく質が大きくかかわってくる。子どもの発言として大変多く聞かれるものに，「見て」「見てて」というものがある。これは，自分が，今・ここで感じていることを共有したい，そして認めてほしいという気持ちの表れに他ならない。私たち大人も少なからずそうであろうが，自分が発見したことや感動したことなどを人に伝えたい，共有したいと思うことがある。自分が見付けた感動を他者と共有し，「本当だ，すごい！」などの受容的な言葉をもらうことによって，自分の感動経験は太鼓判を押され，認められたと感じる。特に子どもにとって，保育者の存在の大きさは言うまでもない。そのため，保育者から認められることがエネルギーとなり，さらなる挑戦へと気持ちを駆り立てていくのである。子どもたちが能動的に環境とかかわることができるのは，単に物理的環境を設定しただけにとどまらず，人的環境としての保育者が，子どもの感覚，感動，気持ちを共有するからである。いかに質の良い環境を子どもに提供するかということは，大人として，保育者として，いかに感性を磨くかということに直結する。子どもの豊かな想像力を，さらに豊かなものへと導くためにも，感性のアンテナを常に立てておきたいものである。

演習課題 1：カーソン（Carson，R.）は，著書『センス・オブ・ワンダー』（1965/1996）の中で，“子どもにとっても，どのようにして子どもを教育すべきか頭をなやませている親にとっても，「知る」ことは「感じる」ことの半分も重要ではないと固く信じています（24 頁）”“わたしたちの多くは，まわりの世界のほとんどを視覚を通して認識しています。しかし，目にはしていながら，ほんとうには見ていないことも多いのです（28 頁）”と述べている。これらの記述が具体的にどのようなことを示しているのか，自身のこれまでの経験を思い返し，考えてみましょう。また，その気付きから，保育者として望ましい姿を考えましょう。

演習課題 2：「サクラの花びら」「河原の丸い石」「紅葉した葉」「雪」について，どのような遊び方が考えられるか，対象となる子どもの年齢も考えた上で，挙げて見ましょう。また，自然素材だけではなく，「新聞紙」「牛乳パック」のような素材の使用方法についても合わせて考えてみましょう。

引用・参考文献

青木久子・間藤侑・河邉貴子　子ども理解とカウンセリングマインド――保育臨床の視点から　萌文書林　2001

稲垣佳世子　生物概念の獲得と変化――幼児の「素朴生物学」をめぐって　風間書房　1995

内田伸子監修　浅川陽子　ことばの生まれ育つ教室――子どもの内面を耕す授業　金子書房　2006

榎沢良彦　生きられる保育空間――子どもと保育者の空間体験の解明　学文社　2004

大場幸夫講義　保育臨床論特講　萌文書林　2012

カーソン, R. L.著　上遠恵子訳　センス・オブ・ワンダー　新潮社　1996

鯨岡峻・鯨岡和子　エピソード記述で保育を描く　ミネルヴァ書房　2009

ゴスワミ, U.著　岩男卓実・上淵寿・古池若葉・富山尚子・中島伸子訳　子どもの認知発達　新曜社　2003

小山高正・田中みどり・福田きよみ編　遊びの保育発達学――遊び研究の今，そして未来に向けて　川島書店　2014

佐々木正人　子どもを意味でとりかこむ――アフォーダンスの設計　エデュ・ケア21　栄光教育文化研究所　1996

仲村照子　子どもの死の概念　発達心理学研究第5巻第1号　1994

山口創　子供の「脳」は肌にある　光文社新書　2004

5章

領域「環境」で扱うもの

1節　自然を取り入れたもの

自然にかかわる幼児期の体験は，自然の現象や生き物の様子に驚き，好奇心を育み，興味関心を持って積極的に事物にかかわる力を育成する。また，身近な自然の事物をじっくり見る機会は，知りたいという気持ちを育てる。保育においては，田園部，都市部それぞれの身近な自然の事物や生き物に目を向けさせ，日々小さな体験を積みながら，主体的にかかわる姿勢，豊かな感性を育てたい。自然とのかかわりの中で子どもたちの感性を育むためには，保育者自身が感性を磨き，自然の変化や生命の尊さに感動する心や子どもたちの感じ方に共鳴できる姿勢を持つことが何よりも大切である。

本節では，このことを踏まえて，「季節により自然や人間の生活に変化のあることに気付き」「身近な動植物に親しみをもって接し，生命の尊さに気付き，いたわったり，大切にしたりする」（幼稚園教育要領）ために，自然の事物や生き物と子どもたちとの豊かなかかわりに関する活動を支える保育者に必要な基本的な知識と活動事例を扱う。

1　身近な小動物とのかかわり

野外の小動物は，子どもたちの目に触れる種類やその姿が四季の変化に関係して違っている。これは動物によって活発に活動する時期などが異なっているからである。野外での出会いにより，子どもたちが生き物に親しむ機会を大切にしたい。さらに，小動物を短期間でも飼育して餌を与えることは，大切な経験になると考えられる。日常的に親しむことのできる環境を用意し，飼育を通して，生き物の命は食べることで支えられているということに気付かせることが期待できる。子どもたちにとって扱いやすく，なじみやすい身近な小動物に「簡単な飼育を通して親しむ」という観点から，それぞれの季節によく目にする小動物を選び，その簡単な生態と飼育上の留意点を紹介する。より良い状態で飼育するためには，図鑑などにあたって個別にその生態を調べ，さらに飼育方法を検討してほしい。観察や飼育期間が終わった小動物は無事に元の環境に戻すことが望ましい。これら小動物にとって野外の自然環境のほうが飼育容器の人工環境よりも好ましいことに気付かせるように指導できるとよい。ウサギや鳥などのやや大型の動物を飼育する場合には，保育者とともに餌やりなどの世話の一部を分担させるなど，意欲と責任を持って触れ合うことを体験させたい。一生懸命世話しても環境の変化等で死んでしまうこともあるかもしれないが,「子どもが命を感じ，生命の尊さに気付く」(保育所保育指針）機会と前向きにとらえ，子どもが経験する悲しい気持ちや残念な気持ちに寄り添いながら，生き物の生命を大切にする気持ちを育てたい。

飼育の中で，生き物の形や大きさがそれぞれに違うことなどに気付くことができるだろう。それらの絵を描く，動作で表す，他のものと比較するなどさまざまな表現の手段によって，形とともに色や大きさの違いを実感できるように指導したい。

a　ダンゴムシ

生態及び飼育方法について：1年を通して，落ち葉の下や植木鉢，プランターの下に数匹が集まっている。光を嫌い，暗い所を好む性質や，大小さまざまな大きさのダンゴムシが集まる性質がある。歩き回る様子や手で触れると丸くなる様子が興味を引く。完全に丸くなるダンゴムシと，丸くならないワラジムシが同じような場所で生活しているが，体節の縁や触角の形などが異なる。これらはエビやカニと同じく甲殻類で，脱皮を繰り返して成長する。6月頃から雌は腹に卵を抱いて，孵化《ふか》後，仔虫《しちゅう》になって離れるまで育てる。飼育ケースは深さが2cm以上あれば何でも利用できる。落ち葉を餌として入れ，湿り気を保つことに留意する必要がある。

保育への導入：ダンゴムシは，どこでも比較的容易に見付けることができる。子どもたちにとって目にすることが多い生き物だが，チョウやカブトムシのようにテレビや絵本などで取り上げられることのない，まさに日蔭の小動物である。身近ではあるが生態をよく知らない小動物の飼育は，新たな発見や驚きの連続で，他の小動物への好奇心の広がりが期待できる。

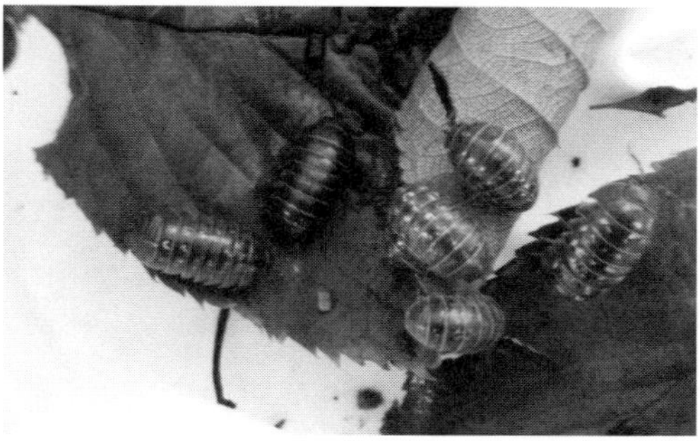

図5－1　落ち葉が大好きダンゴムシ

落ち葉はダンゴムシに食べられて小さくなること，一方で糞が増えることを観察することで，ダンゴムシは落ち葉を土に戻すという大切な役割を持っていることに気付かせたい。

b　モンシロチョウ

生態及び飼育方法について：春，平野部のひなたで見る白いチョウは，シロチョウ科のモンシロチョウである。蛹《さなぎ》で冬を越し，4月に春型の成虫が現れ，温暖地では春から秋までに6～7回くらい発生をくり返す。大きさは2～3cmで春型は小形で黒っぽい。幼虫の食草はアブラナ科植物なので，卵や幼虫は，日当たりのよいキャベツやダイコン畑で採集することができる。野外で採集した幼虫はアオムシコマユバチに寄生されていることも多く，モンシロチョウの幼虫からその繭（蛹）が出てきて驚くことがある。細かなしわ模様のある1mmほどの細長い卵から孵化《ふか》した幼虫は緑色のイモムシ状の幼虫になる。その後，5回脱皮して成長し，蛹を経

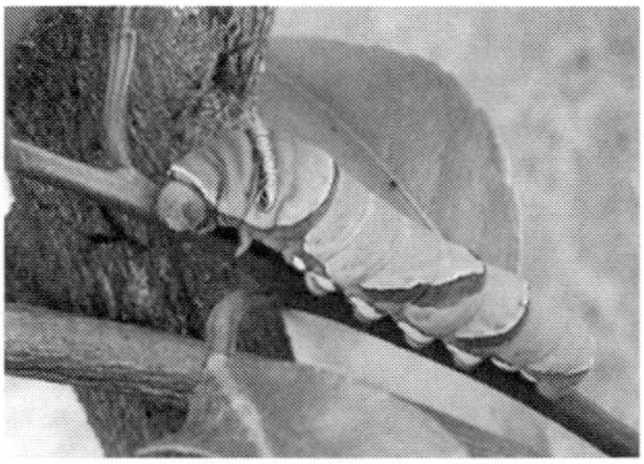

図5－2　アゲハチョウの終齢幼虫――あたまはどこ？

て約１ヵ月で羽化《うか》して成虫になる。アゲハチョウの幼虫は黒地に白いＶ字ラインがある。終齢幼虫（次の脱皮で蛹《さなぎ》か成虫になる状態）は緑色となり，体側に目のような模様が見られるなど劇的に変化する。幼虫が成長するに従って摂食量が増え，糞も増えて湿気でカビが生えやすくなるので，飼育容器は清潔に保つことが必要である。モンシロチョウやアゲハチョウは春の野原に彩りを添える存在であるが，前者は畑のキャベツやダイコンの，後者はミカン類の害虫という面もある。チョウの仲間は卵から幼虫，蛹，成虫へと姿を変えて成長する（「完全変態」という）ので，その変態の過程は，好奇心と共感を呼び，継続的な観察に適している。

保育への導入：本項で取り上げる昆虫は，絵本で描かれたり，歌詞に出てきたりすることが多く，子どもたちもすでに多くのイメージを持っている。モリモリと葉を食べるところ，うんちするところ，蛹を見守ること，劇的に羽化した成虫などを実際に飼育して観察するとその生命力に驚く。イメージとの違いや共通点などを考えさせることで，その認識が広がりを持ち，いろいろなチョウがいること，すなわち生物の多様性を感じる機会となるだろう。

チョウの成虫の体の作りは頭，胸，腹からなり，羽が４枚，脚が６本という昆虫の共通の特徴がわかりやすい。ハチ，トンボ，クワガタムシなどと絵や実物で体の作りを比較してみよう。

c　アリ

図５－３　クロオオアリの若い女王

生態及び飼育方法について：庭先や道端で見る黒い大形（10mm 程度）のクロオオアリ，小形（3mm 程度）の胸部が赤褐色のアミメアリや体の線が細いオオズアリなどはいずれもごく普通に見られる種である。オオズアリには大型の兵隊アリがいて，同じ巣穴から明らかに大きさの異なるアリが出入りすることからわかる。５月の半ばごろを中心に子どもたちが羽のついたアリを見かけることがある。これは次の女王となる雌アリないし雄アリで，雌雄の羽アリは空中で交尾を行う「結婚飛行」をする。雌アリは羽を落とし，穴を掘って小部屋を作り産卵して，最初の働きアリを育てる。その後，女王アリは産卵だけに専念し，働きアリが巣の拡大，幼虫の世話，蜜や昆虫の死骸などの餌集めを行うようになる。１つの巣穴のアリは同族集団で，同種でも他の巣のアリを一緒にすると噛み合うので，注意しなくてはならない。

観察は，アリが盛んに活動し，巣を大きくしている５月下旬から６月ごろに行うとよい。ヒメジョオンなどが成長するときアブラムシが多く見られるが，アリも集まっている。これはアブラムシを通して樹液のおこぼれ（甘露）をもらっている様子で，生き物の関係を見る機会となる。クロオオアリについては，成虫と卵や幼虫などを入れた飼育容器を工夫することで１つの巣穴の集団が共同して生活しているところを観察することも可能である。

保育への導入：アリが地表面で餌を運んでいたり，列を作って行動してい

図５－４　死んだダンゴムシを運ぶクロオオアリ

図５－５　アリとアブラムシ

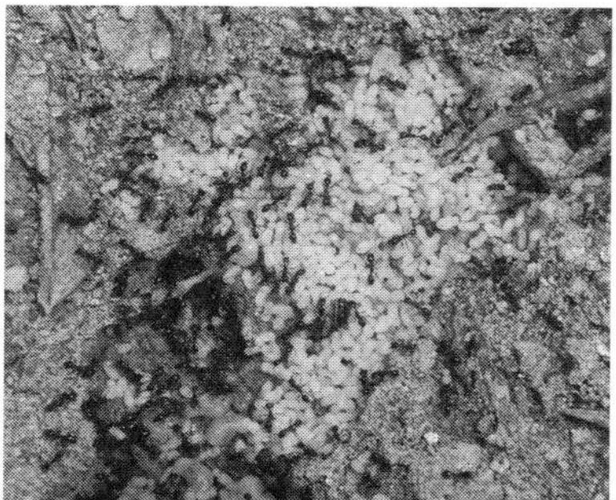

図５－６　石の下のオオズアリの巣

たり，その生活の様子を見ることは楽しい。アリの巣は見えないだけに，子どもたちの好奇心や想像力を膨らませるには絶好の教材となる。

近年，外来種のアリの侵入の問題が心配される。幼児には巣穴や多くのアリを見付けた場合に，手を出さず，保育者に知らせるように指導する。アリの種の同定は難しく，生態もさまざまなので，保育者はよく見られる在来の種類や危険な種類について，基本的な知識を得るように努力することが必要である。

d　カタツムリ

生態及び飼育方法について：カタツムリは陸生の巻貝で，梅雨時に特に活動が盛んになり季節感を感じる動物である。雨の日に探す楽しみを持つことができる。カタツムリは肺呼吸を行い，殻入り口のえりの部分に空気を導入する呼吸穴がある。規則的に開閉する様子は面白い。飼育容器は水槽でよいが，カタツムリは壁面を登ってくるのでふたが必要である。カタツムリの飼育には湿度が必要だが，餌が腐りやすくなるので清潔に保つようにする。餌は花びらや野菜を与え，殻の補修のためにカルシウムを必要とするので，卵の殻も加えるとよい。冬を越したカタツムリは暖かくなると活動を始め，初夏に交尾産卵を多く行う。雌雄同体で2匹が精子を交換する交尾を行い，それぞれが産卵する。交尾のための「恋矢《れんし》」は，童謡で「つの出せ，やり出せ，目玉出せ」の「やり」と歌われていて，首の横から出る。交尾後2週間ほどで地面に降りてやわらかい土に穴を堀り，首の横の穴から土の中に産卵する。卵から孵化《ふか》したばかりの子貝も小さい殻を持ち，巻きを増やしながら成長し，成貝の殻の入り口は厚くなり外側に反る。「つの」といわれる4本の触角のうち長い2本の大触角は明るさを感知し，小触角はにおいや味がわかる器官で食べ物を探すことに役立っている。夜行性のため，晴天の昼間は草の間や木の幹，石垣の割れ目などに隠れている。空気中の湿度が低くなり乾燥すると，殻の

図5－7　カタツムリの呼吸孔

口に薄い膜をはって休眠するため動かなくなる。そのため真夏はあまり姿を見ない。東海地方で普通に見られるイセノナミマイマイ，ウスカワマイマイ，クチベニマイマイなどは殻の特徴がわかりやすく，見分けやすい。しかしながら，行動能力から移動範囲が限定され，地域による変異もよく見られる。

保育への導入：マイマイとも呼ばれるカタツムリは子どもたちの人気者である。カタツムリはゆっくりと動くので，散歩などの園外保育等で本来の生態を観察しやすい小動物である。観察するためには，保育者自身がその生態に関心を持ち，タイミングよく声かけできなければならない。カタツムリが筋肉を波のように動かして移動する様子や，食べた餌の色と同じ糞をすることなど飼育を通じて観察するとよい。また，子どもたちに関心の深まりが見られれば，図鑑でいろいろな種類を比べることも有効である。カタツムリやナメクジには広東住血線虫という寄生虫がいる場合があるので，経口感染を防ぐために，必ず触れた後には手を洗うようにしっかりと指導する。カタツムリに限らず，地表面で暮らす生き物の観察においては，事後の手洗いの指導を徹底したうえで，子どもたちの好奇心を育みたい。

e　セミ

生態及び飼育方法について：鳴くのは雄のみで，鳴き声には，雄同士のコミュニケーションと，雌を呼ぶための求愛手段などの意味がある。セミは種類によって鳴き方も，鳴く時間帯や時季も違う。セミ類は蛹の時期がなく，幼虫から成虫になる（「不完全変態」という）。セミの幼虫の抜け殻の大きさ，色，触覚，前脚などの特徴から種類を見分けることができる。幼虫も成虫も木の樹液を吸う。アブラゼミで４～６年といわれる長い幼虫時代を土の中で過ごす。一方，成虫で過ごす期間は約２週間と短い。街路樹などの木の下の地面にセミの幼虫が這《は》い出た穴が多く見られることがある。また，葉裏や枝先に抜け殻を見付けることができる。

アブラゼミは，翅《はね》が茶色である点が特徴的で，７～９月の昼間によく鳴く。ツクツクボウシは，鳴き声が「つくつく法師」と聞こえることから名付けられ，全国の市街地から低山地の林で，７～10月の午後遅くに盛んに鳴く。夏休みにキャンプ場でカナカナと澄んだ声で鳴くのはヒグラシである。低山帯から山地の薄暗い林を好み，6～9月の日の出の頃と日暮れ前に鳴く。ミンミンゼミは東日本，東京都心などで，日本最大のクマゼミは西日本の公園で多く，分布にやや偏りが見られるといわれてきたが，クマゼミの分布が近年東に拡大しているようである。セミの飼育は難しいので，見付けたときに種ごとの特徴，口器の観察とともに，雄の腹面にある鳴くときに震わせる発達した腹弁《ふくべん》や，雌の

図5－8　羽化直前のクマゼミの幼虫

図5－9　クマゼミの幼虫の抜け殻

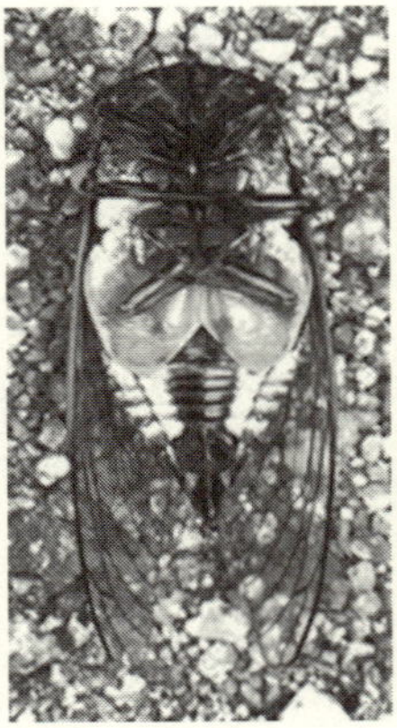

図5－10　クマゼミの雄

図5－11　いろいろなセミの幼虫の抜け殻

腹部の先の産卵管の様子などを観察するとよい。

保育への導入：セミ類の鳴き声は，夏の風物詩である。子どもたちはセミの「声」に関心を持つが，それらは夏にしか聞くことのできない音である。季節を感じる音や場所を知ることのできる音など，身の回りには多くの音が存在することに気付かせ，それらを真似たり，物を使って音を出してみたりするなどの表現活動へつなげることが大切である。セミの幼虫の抜け殻集めは，個体を傷つけずにセミの発生についての情報を得ることができ，夏の身近で楽しい活動となる。子どもたちは抜け殻と成虫を見くらべることにより，その成長の不思議さに驚くだろう。

f　コオロギ

生態及び飼育方法について：秋に鳴く虫として知られる。鳴くのは雄のみで，コオロギの仲間は前翅を立ててすり合わせて音を出し，バッタ類のナキイナゴは後足と翅《はね》を擦り合わせて鳴く。

ハラオカメコオロギ，ツヅレサセコオロギ，エンマコオロギ，ミツカドコオロギなど草地，畑，人家で普通にみられる。大型のエンマコオロギは8月ごろから泣き始める。コオロギ類は縄張りを主張して鳴く「ひとり鳴き」，雌を誘う「誘い鳴き」, 雄とけんかをする「争い鳴き」と鳴き分けている。「争い鳴き」を観察するには，別の容器で飼育していた雄コオロギを各1匹ずつと雌1匹を同じ容器に入れてしばらくすると, 雄が争い始めるので観察することができる。

コオロギの飼育は，水槽や深めの水きりバットなどふた付き容器ならば何でもよいが，落ち葉や枯れ枝などを入れて隠れ場所を作る必要がある。同じ種類の雄と雌を入れるとよく鳴く。コオロギ類は雑食性のため，野菜以外に削り節やにぼしなど動物性の餌を与え，共食いを防ぐ配慮が必要である。

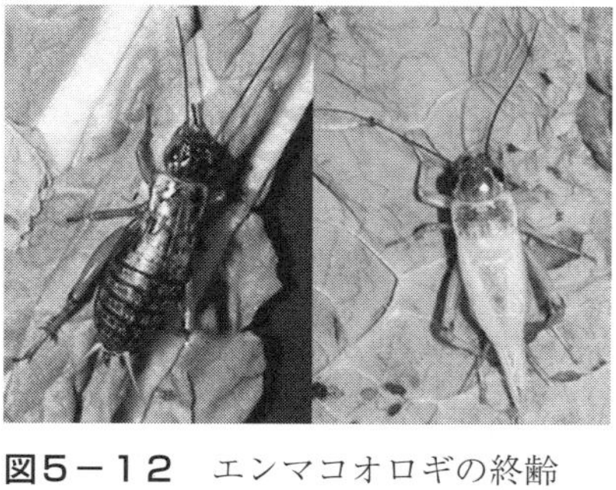
図5－12　エンマコオロギの終齢幼虫（左）と羽化後（右）

幼虫と成虫とでは基本的な体つきは

図5－13　エンマコオロギの雌（上）と雄（下）

変わらず，幼虫は翅《はね》が短く，羽化すると翅が長く伸びる。雌のほうが体は大きく，産卵管が目立つので見分けやすい。

保育への導入：セミやチョウなどと比べて比較的簡単に飼育でき，繁殖も含め長期的な飼育が可能である。生き物の生死を経験して，生命の大切さについて多くのことを感じたり学んだりする機会となる。秋になるとコオロギ，スズムシなどバッタ類の鳴く虫の活動が盛んになる。スズムシ，コオロギ，キリギリスなどはいずれも飼育が比較的容易なので，行動の観察に適している。長い触角を動かす仕草，翅を擦り合わせて鳴く様子や餌を取る様子，他の個体とのかかわりを観察することができる。

また，コオロギの動きは予測不可能で面白い。こうした動きを観察しながら，身体表現活動などにつなげることも大切である。

g　カエル

オタマジャクシからカエルへの変態は，実に興味深い。春先から6月頃までいろいろな種類のカエルが水田や湿地，池で産卵する。卵の形は種類によって異なる。オタマジャクシは動きが緩慢なため，子どもたちでもつかまえることができる。オタマジャクシは洗面器やバケツでも飼育でき，野菜やにぼしを浮かべるとけずるように食べる。腹面から見ると，やすり状の歯が並んだ口と，渦巻状の腸を観察することができる。田植えの頃，田んぼや池で鳴いているアマガエルは，周囲の環境に合わせて体の色を変えることができ，周りにまぎれて面白く，草や木の枝葉から滑り落ちないように指先に吸盤がある。カエルの成体は生きて動く昆虫を餌としている。餌の確保が困難になるので，前後の足が生え，水中から出て尾がなくなるまで成長したら，採集したところに返すようにする。

2　身近な植物とのかかわり

ここでは，「野外の草花や木に親しむこと」「食用になる植物を育てて収穫の喜びを知ること」の２つの観点から扱うことができる植物を取り上げる。

春，多くの草花が花をつける時季を中心に，さまざまな色や形の花を持つ草花を遊びの中に取り入れて，面白いな，かわいいな，きれいだな，などの気持ちを育てる体験の活動が望まれる。また，小動物の活動も活発になってきて，草花には動物も集まってくるということを感じられるような観察を取り入れたい。身近なところにある大きな木もやはり草花と同じく花をつけ，実をつけるということにも気付かせたい。公園や街路の樹木は，夏の日差しを遮る木々の木の葉の様子，秋の落葉の様子，冬枯れの樹枝など，四季での様子の違いを身近に感じさせてくれるものである。季節の移り変わりに合わせて野外の植物が生きていることを実感するような活動につなげたい。

よく知っている身近な野菜の栽培は，子どもたちが意欲的なかかわりを持つことができ，貴重な経験となる。また，自身の収穫物を食べることで，自分自身の生活でも栽培されたものを食料として食べていることに気付き，大切にして，好き嫌いせずに食べられるようになることにつながるように指導したい。

a　野外の草花

保育への導入：野外では四季に応じていろいろな草花が見られる。春は短い間に特徴的な花が次々と入れ替わり，散歩道の周辺では次々と草花の色合いが変化する。秋に開花して小さな植物体で冬越しをする越年草であるカラスノエンドウやオオイヌノフグリ，ホトケノザなどは花の形も面白く，色も多様で，見て楽しみが多

図5－14　多種類の草花の集まり

い草花である。これらの花が終わり頃になると多年草のハルジオン，ついで初夏から咲くヒメジョオンやイネ科のもの，秋に近づけばエノコログサなどへと移り変わる。保育者がいろいろな声かけをすると，子どもたちが景色の変化を楽しみ，取り巻く環境の変化を知るきっかけとなるだろう。

また，草花を訪れる昆虫を合わせて観察できる機会も増えよう。昆虫類は草花との間に，食草として食べる，蜜を集める，餌となる動物を探すために訪れるなどの関係がある。すなわち，いろいろな形での共生関係があることにおのずと気付くような活動を期待したい。

保育への導入①散歩道と野草園：タンポポの株では，花の咲き始め，開いたもの，終わったもの，種ができて綿毛のあるものなどのいろいろな段階のものを見ることができる。綿毛の変化する過程を見て，花が終わると種ができるという草花の成長変化を実感できる。

季節の草花を花瓶に生けたり，小さな素焼きの鉢などに移植したりして，保育室内に持ち込むとさらに楽しい。鉢植えにする場合，普通の土では水やりによって土が固まって育ちにくいので，赤玉土のような水はけの良いものにし，根についている土をよく落としてから植えるとよい。

園庭の一部を利用してこぼれ種で増える野草園を作ると，実際に草花に触れたり，いろいろな遊びの材料として利用したりと，花や葉の感触，形，色を直接体得するための場として活用できる。

図5−15　1株のタンポポのいろいろな花の段階

保育への導入②花と昆虫の観察：レンゲはミツバチに蜜を提供し，ミツバチはレンゲの花を次々訪れることによって受粉の仲立ちをする。レンゲの花の上側の旗弁《きべん》が蜜の在り処を示す目印となり，ハチがとまるとその重さで下側の舟弁《しゅうべん》が下がり，中の雄しべと雌しべが露出する。ハナバチ類によって受粉されるのに，この構造は大変好都合である。大型のクマバチは花の大きいフジによく集まるなど，それぞれ昆虫と花には体の大きさに関係する特定の関係が見られる。

草花の周りには蜜や花粉を求めていろいろな昆虫が訪れる一方で，樹液を吸うアブラムシなどを食べるテントウムシなども集まる。さまざまな関係で草花に集まる昆虫の様子は絵本にもよく扱われる題材であることから，関係して生きていることが実感できるような環境の中で観察できることが望ましい。

保育への導入③埋土種子《まいどしゅし》の芽生え：花壇などの土をマグカップなどに入れておくと，小さな芽生えを見ることができる。植物が生えていた場所の土の中には埋土種子といってこぼれた種が埋まっている。土の中のこれらの種は発芽する機会を待っている。水やりをしながら育て，多くの種が発芽する様子を観察してみよう。また，集めておいた草花の種を同様の方法で芽生えさせると面白い。

b　公園や街路などの樹木

保育への導入：公園や街路などに見られる緑化を目的とした樹木は，都市部でも身近に四季の移り変わりを感じることができるものである。子どもた

図5－16　レンゲとミツバチ

図5－17　アブラムシを襲うテントウムシの幼虫

図5－18　芽生え

図5－19　サクラの樹皮

ちにとっては大きな木が生きているということは感じにくいが，茂った緑色の葉が，赤くなったり，黄色くなったり，茶色の落ち葉となって地面につもることに注目させて，四季の移り変わりに伴って木も生きて変化していることを実感させたい。ざらざらしている，すべすべしている，大きな割れ目があるなど，樹皮の様子の違いによって多くの種類の木があることがわかる。サクラは横に引っ掻いたような跡がある。また，ナンキンハゼはスペードのような特徴的な形の葉を持つ。葉の様子に注目して，木によって葉の色，形，大きさに違いがあることなどに気付くことができるような活動も望ましい。秋から冬にかけては，落ち葉や実などを集めて，それぞれの特徴を生かして落ち葉絵や造形に利用することによって，季節感を身に付けることが期待できる。

c　代表的な栽培植物

保育への導入：植物の生育には，光，空気，水，温度，土壌の要因が必要で，植物を栽培するためには，それらを管理する必要がある。日当たりの良い場所を選び，さらに水はけ良く，水持ちが良い土を用意する。土の粒子が集まって団粒構造を作っている土は，団粒の中に水をよく保つ一方，団粒間には空気がよく通る。このような土を作るためには，堆肥や腐葉土をまぜ，よく耕して，土の中に空気を入れて有機物の分解を助けることが必要である。また，栽培する場所の風通しが悪いと温度が上がって病気が発生しやすくなるが，風あたりが強くて乾燥し過ぎるのもよくない。

窒素（N）・リン（P）・カリウム（K）は，肥料の３要素といわれる。窒素は，葉や茎の成長を助け，リンは花をきれいに咲かせたり，実を生らせたりするために，またカリウムは根の発育に必要である。油かす，鶏ふんなどの有機質肥料は，ゆっくり効くので主に種や苗を植え込む前の土の中に埋めておく元肥に使う。植物の成長に応じて随時追肥を与える。鉢植えの場合には水持ちをよくするために，表面に水ごけをおくとよい。

栽培植物は病気や虫の害に弱いので，その防除対策に薬剤を使用する場合は使用方法をよく守り，子どもたちの手の届かないところで安全に管理するよう注意する必要がある。また，できるだけ薬剤を使わないように害虫を退治する方法をこころがけたり，栽培する植物の成長過程をよく理解して薬剤を使うなど，丈夫に育てるためにその植物に合った栽培法を事前によく調べることが重要である。

植物の栽培にあたってはできるだけ子どもにも参加させ，世話をしたり，観察したり，話をしたり，触れたり，匂いをかいだりする機会を大切にしたい。特に，水やりをしないとしおれたり枯れてしまったりするので，水やりの大切さを伝え収穫の喜びにつなげたい。そのため，子どもが世話をしやすいようにプランターに植えたり，花壇にレンガ通路を造ったりするなどの工夫をするとよい。また，用具のジョロ（じょうろ）やスコップのサイズや材質なども子どもの手に合ったものを用意することが大切である。栽培する植物は，栽培が容易であまり手がかからない，花がかわいい，実の形状が面白い，食べることができるというような楽しみのある，そして季節感のある植物を選びたい。サツマイモのようなよく知っている作物を栽培し，収穫を期待させ，達成感を得ることも大切である。ほとんどのものは味噌汁の具になるので，栽培した植物はできるだけ食べることを勧めたい。収穫物を無駄なく使うようにこころがけ，包丁などの用具はルールを守って仲良く順番に使うことを指導したい。

栽培の方法①鉢植えの花：アサガオは春に種を播き，秋に種を残して枯れる一年草である。種まきから発芽，つるの成長の仕方，花の数や開く様子，種を取ることなどいろいろと見どころがあるので，興味を継続して観察することができる。そのために成長を絵で描きこめる観察カードを工夫すると便利である。よく用いられる日本アサガオは中国原産，育てる場所によっても違うが，5月上旬（毎日の平均気温が20度になる頃）に種を播くと，7月中旬くらいに花をつける。種は10月に入る頃から採取できる。種から苗を作るときは，種皮の一部を削るか一晩水につけるとよい。

栽培の方法②畑やプランターで作る作物：トウモロコシはおもな穀物の一つである。一年草で，花期は6～8月頃，茎の上部に雄花の穂が下部に雌花の穂がつく。受粉後約1ヵ月で，花柱が褐色になり，実が熟す。同じ株では，雌花と雄花の花期が異なり，よく受粉して実が入るようにするには畝《うね》を列にして複数の株を育てるとよい。成長が早いので，楽しんで見守ることができる。

図5－20　サツマイモのでき方

図5－21　サヤエンドウの豆のでき方

サツマイモは4～5月の気温が20℃を超える頃に畑に幅広の畝を作り，葉をすべて土表面に出して苗を植える。土は砂質の多いものがよく，肥料はほぼ不要である。新葉が5～6枚出たら，茎の先端をちぎって葉がたくさん出るようにするとイモがたくさんできる。収穫は霜の降りる前の10～11月に行うように計画する。

ダイズやエンドウ，インゲンのようなマメ類やミニトマト，ナス，キュウリ，ピーマン，オクラなどの野菜は比較的栽培しやすい。野菜苗やダイズは5月初旬頃，平均気温が15℃くらいになる頃から畑に植える。畑は必要なら前もって石灰を入れ，耕しておく。畝は植物によって異なるが，約0.7～1m程度の幅で，苗は30～40cmの間隔で植える。ピーマン，シシトウ，トマトなどは支柱を立てる。トマトは脇芽をつんで一本立ちとする。ダイズは畝を作り，1ヵ所に2，3

粒ずつ播く。ハツカダイコンはプランターや木箱で一年中，約1ヵ月で収穫できる。発芽後間引きして，4～5cm の間隔にし，本葉5，6枚（根の直径2cm）程度で取る。キュウリは支柱を組み合わせ，ヒモを張ってつるがまきつきやすいようにする。これらの野菜の中にはトマトのように連作障害が厳しいものもあるので，注意する必要がある。また，ヘチマはヘチマ水をとったりして楽しめる。ヘチマやヒョウタンは形が面白く，実が大きくなっていく過程を楽しめる。

栽培の方法③球根植物：球根とは植物の地下部の根・葉・茎に養分がたまってふくらんだものをいい，チューリップやクロッカスなどのように秋に植えて翌年春から開花するもの（秋植え球根）がよく栽培される。発芽から花を咲かせるための養分を持っていて，育てやすく，水のみの栽培もできる。夏の終わりに植えて，冬前に花をつける。根が出るところや芽が育つところを観察して植物の成長を楽しむ。路地植えもよいが，根や芽の成長を間近で観察するには水栽培が有効な方法である。

成長が比較的早く，花も鮮やかなサフラン（アヤメの仲間）は楽しく観察できる。水温が高いと球根が腐るので，涼しくなり水温が15℃くらいになる頃から始める。サフランの花が咲くと部屋が良い香りでいっぱいになる。雌しべは赤い色をしているが，水に浸すと黄色い色水になり，お湯で色出ししてご飯を炊くときにまぜるとサフランライスができる。花が終わったら葉だけ残して土に埋めると養分を取り込むとともに光合成によって養分を蓄える。地上部が枯れても球根が生きていて，複数年咲くことができる。

図5－22　サフランの花

玉ねぎはめくるとどんどんはがれていくが，これは肥厚した葉が重なっているためで，これも球根の一種である。玉ねぎの水栽培は観察に適しており，半分に切って栽培してみると根や芽の成長がよくわかる。

3　身近な自然の事物や現象とのかかわり

ここでは，子どもたちにとって身近な自然の事物や現象に主体的にかかわる力を育む活動を紹介する。水，土，空気などの自然環境の中のものや木の実や草などの素材とのかかわりは，それぞれの物の性質を繰り返し確かめることができるように遊びを通して経験させたい。

a　土や砂にかかわる遊び

保育への導入：砂場は老若男女誰もが夢中になって遊ぶことのできる不思議な場所であり，砂とのかかわりは子どもたちの発達に重要な役割を果たす。砂の感触は触覚的な感性を高め，砂を握ったりつかんだりすることで身体的発達が促される。また，スコップやジョロなどの道具の使い方を覚えたり，友だちと協力することの楽しさや難しさを経験できる。泥だんごや本物のケーキをイメージして作る子どもたちにとって，自ら創造したものの制作に何度でもチャレンジできる砂場の魅力は計り知れない。5歳児にもなると光る泥だんごをめざして夢中になる子どもも少なくないが，結果的に光らなくとも泥だんごに愛着が生まれ，自分のものを大切にする感覚が養われる。

砂は粒子の直径が2 mm以下のもので，粘土はさらに粒子が細かい。土や砂は水を含むと性質が変化する。水を加えて泥を作り泥だんごにするためには，水を入れすぎると固まらず，少なすぎるとまとまらない。また，粘土質が多すぎても固まらず，砂が多すぎてもまとまらない。水を調節して適当な泥を作り，泥だんごにする過程で水，土，砂，泥の違いを体験できるだろう。

泥だんご作り体験

① 土台作りとして，よく乾いた土に比較的多めに水を含ませ，力いっぱい両手で握って玉を作る。水分を絞り出しながら，丸い球になるように形を整える。

② 乾いた土を振りかけたあとに親指の付け根あたりで比較的強く削るように撫で，この作業を繰り返す。

図5－23　泥だんご作りの第一歩

図5－24　泥だんごできた！

③ 30分程度繰り返すとだんごの表面に肌理《きめ》の細かい皮膜ができる。（時間があれば，直射日光を避けて，柔らかい乾いた雑巾などの上に置いて，泥だんごを休ませ，均一に自然乾燥させるようにする。その際，ビニール袋に入れると急激な乾燥によるひび割れを防ぐことができる。）

④ 手を地面にあてついたさら粉を30～60分ほどかけてだんごの表面にまんべんなくすり込んでいく。

⑤ 古いストッキングなど，きめの細かな布で表面を磨いて仕上げる。

b　水にかかわる遊び

水鉄砲，水かけなどの水遊びのほかに，水に浮くもの探しの遊びが考えられる。木，プラスチック，硝子，金属などの素材や形や大きさの違ういろいろな物を比べて，水に浮くものあるいは沈むものという重さや素材の性質の違いを体験する。浮くもの，沈むものをいろいろと試すことができるように準備したい。浮くものに魚の絵を描いてゼムクリップを張り付け，磁石で釣り上げる遊びも組み合わせることができる。磁石はいろいろな場面で生活に役立つものなので，その

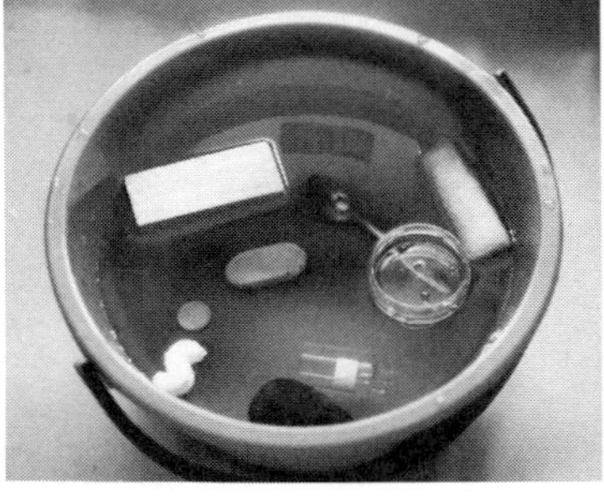

図5－25　水に浮くものはどれ？

性質を理解し，利用する経験となるだろう。

c　空気や風にかかわる遊び

空気を閉じ込めたいろいろな形や色の風船を飛ばして遊ぶ。高く上げたり，落とさないように扇いだりと活動的な遊びができる。膨らませた風船を軽くこすると静電気が起き，壁などにくっつくようになる。ポリプロピレンのテープの一端を縛ってから細かく裂き，こすった風船に近づけると静電気で広がり，ふらふらと浮遊する。それを風船の上でどのくらい長く飛ばせるかを競争すると楽しく面白い活動になる。

手ごろな大きさの空き缶を使って風鈴を作ろう。風を受けて音がすると，幼児に対しても，外界の刺激に対する反応を促すだろう。風鈴の短冊に願いごとを書く，短冊の代わりに折り紙で魚や鳥などを作ってつるす，また缶に貝殻などを付けて飾りつけをするなど，自分だけの風鈴を作るための多様な活動が年齢に合わせて考えられる。

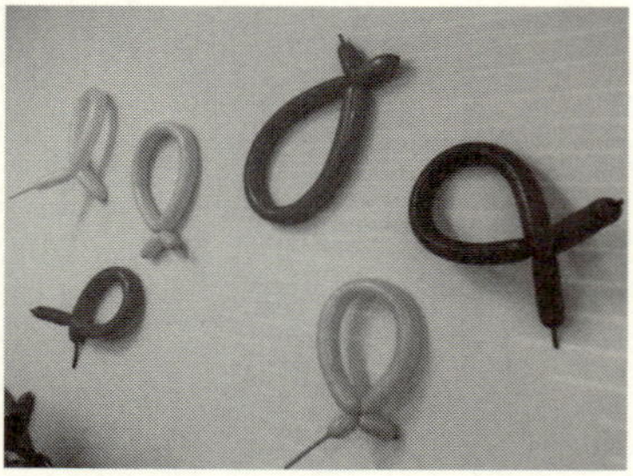

図5－26　風船遊びと静電気

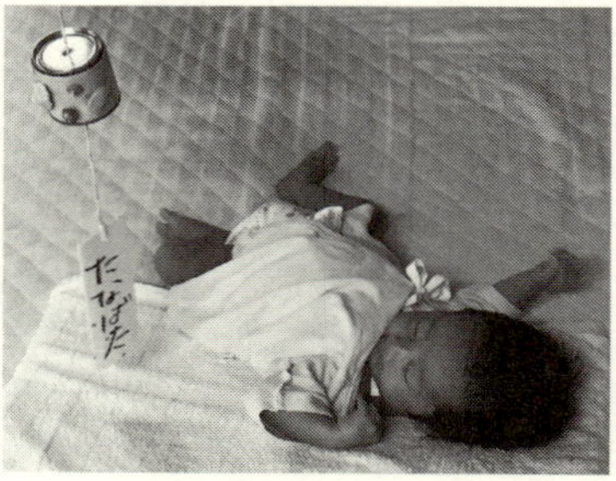

図5－27　風鈴が鳴ってるよ

d　身近にある草や木の実にかかわる遊び

保育への導入：色水遊びの延長として，昔ながらの草木染めを行い，自然物を利用して，生活の役に立つ物や楽しみを与えるものを作るということを経験する。ほぼすべての植物が利用できる。実（例えばクサギ）や落葉樹の枯れ葉などを使うこともできる。また，玉ねぎの皮，コーヒーや紅茶をいれた残り葉など捨てる物を利用することにも意義がある。

材料に草花を利用すると，集めるときに子どもたちはそれらの形や大きさ，色や香りなどの違いに気付いて，楽しくかかわることができるだろう。また，花や葉，実や種などの形の違いにも興味を持ち，大量の葉や花びらの数を数えたりすることで数量の感覚が養われる。草木染め等の自然物を取り入れた制作活動においては，身近な材料がさまざまな形に変化していく様子に興味や驚きが生まれる。いくつもの手順を踏んで世界に１つだけの自分の作品が完成した時には多くの子どもが愛着を持ち，喜びと達成感に包まれるだろう。

毛糸の草木染め

① 毛糸（ウール100%）をかせ（束）にし，2ないし３ヵ所を太めの糸や紐でゆったりと結んでおく。
② 葉は染めるものの重さの４倍程度を目安に集める。
③ 採集した葉を鍋に入れ，ひたひたに水を加えて煮る。
④ ポリバケツの上にざるを置き，煮汁を取る。
⑤ ぬるま湯に浸した毛糸のかせを棒に通して入れる。
⑥ 毛糸のかせを動かしながら10分ほど煮染めし，冷ましておく。
⑦ 煮染めしたのち，媒染液に20分浸して，媒染する。媒染により，色素が布によく吸収され，発色が良くなる。媒染液としてはミョウバンを毛糸の重さの約１%の割合で水に溶かす。
⑧ 媒染した毛糸をぬるま湯で洗い，乾かす。
⑨ 染めた毛糸の利用を考える。

染める素材を毛糸にすると指あみや織りでの作品作りなどとさらに活動を広げることができる。

玉ねぎの皮でしぼり染め

① 玉ねぎの皮を水に入れ，煮汁を取る。
② ハンカチに自分のマークや名前をマジックで書く。
③ 輪ゴムを使ってハンカチの一部を何カ所かくくる。
④ ハンカチを煮汁に入れ，しばらく煮る。
⑤ 染めたハンカチの輪ゴムを取り，水で洗う。

図5－28　玉ねぎの皮でしぼり染め

⑥ 干して出来上がり。

⑦ ピンキングばさみで縁を丁寧に切って，仕上げる。

e　環境マップを活用する

保育への導入：身近な自然環境や周辺にある事物を記録し，「環境」をテーマとしたマップを作成して，保育の場面で生かすことは有効である。身近な環境の中で，どこに，どのような動植物が確認できるのか，それらはいつ（季節，時間帯など）確認できるのかなど，日々の保育での気付きが集積された環境マップは，保育者にとって身近な地域を知る絶好の機会を与えてくれる。食べることのできるもの，遊びに使えるもの，制作活動に使える材料などさまざまなテーマを設けて，複数の保育者で知識や経験を持ち寄りながら，季節ごとのマップを作成していくとよいだろう。四季の自然環境について，マップに記録しておきたいことの例を挙げる。

⑴ 春の野原や空き地では多くの草花が見られる。中でもタンポポの黄色い花が目立つ。町中のように人の手が加わっているところでは，セイヨウタンポポが，郊外の野原では在来種のタンポポが多いといわれている。セイヨウタンポポは総ほうの外片がつぼみでも反り返り，角状突起はないが，在来種のヒロハタンポポは総ほうの外片は反り返らず，容易に見分けられるので比べてみよう。タンポポやオオバコのように地面に広がる葉をロゼット葉という。寒い風をやり過ごし，比較的気温の高い地表面近くに葉があることによって

図5－29　セイヨウタンポポ（左）とヒロハタンポポ〈トウカイタンポポ〉（右）

図5－30　たっぷり陽をあびるオオバコのロゼット葉

冬越しを容易にしている。また，この形は葉が重ならず，冬の太陽の光を有効に利用できる。

春の七草すなわち，セリ，ナズナ，ゴギョウ（ハハコグサ），ハコベラ（ハコベ），ホトケノザ（コオニタビラコ），スズナ（カブ），スズシロ（ダイコン）のうちのナズナ，ハハコグサ，ハコベは秋に出芽し，幼い植物体で冬を越し，翌年春先に成長するいわゆる越年草である。コオニタビラコやセリは水田まわりで育つ多年草，カブやダイコンは栽培植物である。七草粥にして早春の野草を食べることにより，無病息災を願う古くからの風習が知られている。春に見付けたいろいろな草花を環境マップに記録しておき，利用できるようにしたい。

(2) 夏には，安全を確保しつつ，水辺の活動も組み合わせることが可能である。川や池，水路を記録しよう。河原で大きさや色，なめらかさの違う小石を拾い，その質感を確かめながら，比べたり，積み上げたりなどして遊び，また持ち帰って色ぬりをしたり，形を生かして動物に見立てたり，生活の中で工夫して実際に使うのも楽しい。

図5－31　花火

図5－32　フクロウのペーパーウエイト

河原は，陸と水辺の推移帯という特徴のある場であり，そこには「カワラ」の名がつくなどの特有の植物（カワラヨモギ，カワラナデシコなど）が見られる。また，人の影響の大きい管理された場所で，帰化植物が多く見られるのも特徴である。前者としてはギシギシ，ジュズダマ，カワラケツメイが，後者としてはアレチウリ，セイタカアワダチソウなどがあげられる。イネ科のジュズダマは，お手玉の詰め物やアクセサリーに使える。草むらにはまだ小さいいろいろなバッタがいて，秋になればバッタ採りやバッタ釣りも楽しい。

(3) 秋の里山ではドングリの木を探そう。クヌギ，コナラ，カシワなどの落葉するナラ類及びマテバシイ，アラカシ，シラカシなどの常緑のカシ類の堅い実をドングリと総称している。ドングリの実は堅く，お皿（殻斗《かくと》という）がついていて，形はそれぞれみな違う。なかには公園の樹木として植えられているものもあり，ドングリ探しは雑木林だけでなく，公園でもできる。ドングリ採りを楽しんで，その後簡単な工作への活動はもちろんのこと，少し変わった利用法を考え活動を工夫してみることも大切である。雑木林のコナラの木の下には根を出したドングリを多く見付けることができる。ドングリは芽生えに明るい場所を好むので，光が十分に当たるところに埋めておくと，春に芽生えが見られる。特にコナラは成長が早く，発芽率も高い。

落ち葉拾いや種子集めは，秋ならではの活動である。センダングサの種は，いわゆる「ひっつきむし」と呼ばれ，突起があり，動物にくっついて運ばれ

図5－33　ドングリの発根

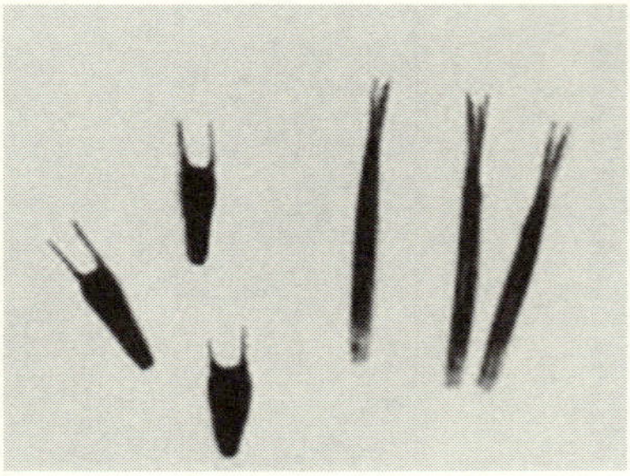

図5－34　突起のある種：アメリカセンダングサ（左）とセンダングサ（右）

散布されるタイプの種である。カエデやマツのような風に乗って散布される羽がある種もあり，色も形もさまざまな種をたくさん集めて，形を生かした造形遊びなどに利用しよう。

食用になるアケビ，ヤマブドウ，ヤマノイモはいずれも地上部は一年生であるが，地下部は残るので，毎年同じ場所に見られる。ヤマノイモの雌株には葉の脇に直径1cmほどのムカゴができ，これも食べることができる。場所があれば園内でこれらの植物を育てることも楽しい。

(4) 冬の林では多くの木が葉を落とし見通しが良くなっている。林の中も下草が枯れており，歩きやすい。落ち葉や倒木の下で，卵，幼虫，蛹，あるいはナミテントウのように成虫で越冬する昆虫や小動物を探したりできる。枝先にもミノムシなどの繭，葉先でひなたぼっこするハエ，カマキリの卵嚢《らんのう》などを見付けることができる。ミノムシ（ミノガの幼虫）は小枝や葉をはりつけて丈夫な繭を作る。雄は春に羽のある成虫になるが，雌は羽を持たず，一生を繭の中で過ごす。また，散歩を楽しみながら，落葉樹の葉や冬芽を見たり，ツルや枝や落ち葉など工作の材料になりそうなものを集めたりしてみよう。ツルにヒイラギの葉や実，ドングリやマツボックリなどを接着剤などでつけて飾りリースを仕上げると楽しい。毎年の活動を考え，取るときにはツルを傷めないように巻き取り，すべてを切り取ったりしないように配慮することが必要である。マツボックリのかさ（鱗片）は水につけると開き，乾かすと閉じる。中から種子の残りが出てくる様子も興味を引くだろう。落葉樹の落ちた葉の柄や枝のあと（葉痕《ようこん》）には水分や養分の通り道だったところが残り，笑った顔のように見える。いろいろ

図5－35　マツボックリが開いた

図5－36　笑う葉柄《ようへい》

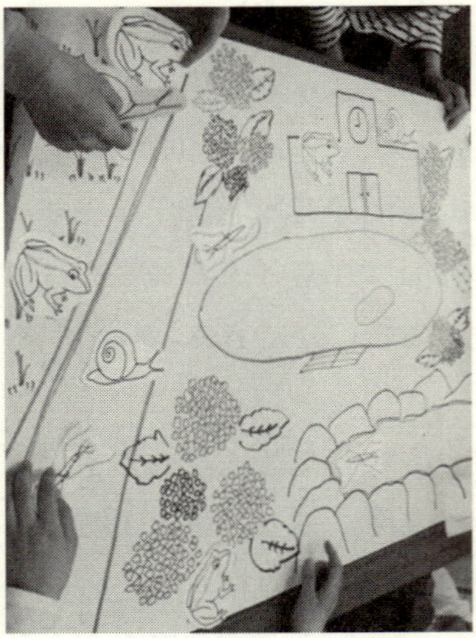

図5−37 生き物マップ

と探してみると楽しい。水辺ではカモなどの鳥を見かけることもある。散歩道に沿って見付けたものを環境マップに加えていこう。

(5) 園の周りの景色をもとに地図を作り，そこにすむ生物の絵を貼り付けて子どもたちと生き物マップを作ってみよう。カエル，カタツムリ，アメンボなどの絵の切り抜きに色を塗り，それぞれの生息場所に「アメンボは池の中」「カタツムリはアジサイの花でよく見るよ」「カエルは田んぼのまわりでね」など，話し合いながら貼り付けてみる。出来た地図を壁に貼って，保育室をにぎやかにしよう。

生き物マップは，いろいろな時季をとらえて作ることができる。完成した生き物マップを掲示することは，子どもや保護者に地域の景観への理解を図るためにも有効である。都市部でもその風景をとらえた地図を作り，そこにある自然に親しむ機会を設けたい。

4　自然物で遊ぶ

幼児期における教育は，人間形成の基礎を培うために大切なものとされ，幼児期の生活をとおして生きる力の基礎を育成することがその目標とされている。生きる力の基礎を育成するためには，さまざまな遊びや直接体験などの活動が求められており，具体的にそれらの機会を得るために，園内外の身近な環境から広い意味での自然環境まで広範囲な場が必要とされる。そして，子どもたちの感性を育むうえで必要なこととして，幼児だけではなく保育者自身が自然とのかかわりを感じることが大切であり，その保育指導力とは，保育者の自然観や，人間性に裏打ちされた感性のようなものに近い資質が基盤となるものである。自然の中で遊んだ体験や自然物を用いた遊びの経験が伴わないと，「自然を・地球を大切にしよう」といった環境保護のメッセージをどれだけ呼びかけたとしても，言葉だけが頭の中で消化され，環境保護への実感を持てないことにもつながってくる。

ここでは，日常の保育活動から野外活動などにおいて用いることのできる，自然物を使った遊びや活動について取り上げる。

a　自然の中で遊ぶ

自然の中で遊ぶ体験は，子どもたちにとってさまざまな直接体験を得る機会となることができる。現在，自然に対する興味や関心を引き出すことを目的とした自然遊びや自然ゲームなどと呼ばれるたくさんのものが考案され，実施されている。その代表的なものの1つにネイチャーゲームがある。ネイチャーゲームとは，1979年にアメリカのナチュラリスト，ジョセフ・コーネル氏によって考案された自然体験プログラムである。五感をとおして体験することで，自然の不思議や仕組みを学び，自然と自分が一体であることに気付く，「自然への気付き」を目的としている。自然に恵まれた場所だけでなく，身近な公園や広場で楽しめるいろいろなゲームがある。

(1) アニマルウォーク

「アニマルウォーク」は，地面に動物の足跡を作り，どんな動物がどのような歩き方をするのかをみんなで考えるゲームである。

色違いの紐やロープで作った輪を20本ほど準備し，床の上に置いて足跡を作る。子どもたちは何の動物の足跡なのかを想像し，輪の上を試しに思い思いに歩いてみる。保育者が動物の特徴や鳴き声などのさまざまなヒントを出し，そこから子どもたちが答えを導き出し，何の動物の足跡であったのかを知る。今度は輪の上をその動物の真似をしてもう一度歩いてみる。

活動の援助・配慮として，子どもに親しみやすい動物を選び，動物にはそれぞれ歩き方があることを伝える。他の動物の足跡も用意し，同じように体験してみる。いろいろな動物の歩き方について，興味や関心をもち，体験し理解することができるようにする。

(2) フィールドビンゴ

「フィールドビンゴ」は，数字の代わりに自然の中のものや五感を使った体験が書かれた項目のカードを用いてビンゴゲームを行い，感覚を集中させることや発見を楽しむゲームである。

自然の中のものや五感を使った体験ができる項目を記入したビンゴカード（**図5－38**）と筆記用具を子どもたちに配り，子どもたちは配られたビンゴカードの項目を確認する。保育者がビンゴカードの項目について，視覚・聴覚・嗅覚・触覚・味覚のどの感覚で確認するかを伝え，イメージする。行動できる範囲と集合時間（合図）を伝えて，探索を開始する。終了後，体験できたものの数を聞いたり，どのようなものを実際に発見したのかをみんなで話し合ったり，どこにあったのかを確認したりする。

活動の援助・配慮として，ビンゴカードを作る際は，年齢によってマスの数を決めたり，季節や場所によって内容を変えてみたりする。五感を使った体験が組み込まれたマスの内容にするとよい。行動できる範囲は，保育者の目の届くところまでとしておき，安全な場所で行うようにする。ビンゴの勝敗にこだわらないように注意し，子どもたちの発見を大切にする。園外に出る散歩などの時間に用いるのも効果的である。

(3) フィールドパターン

「フィールドパターン」は，自然の中から丸や三角，星やハート形，うずま

いいにおいのするもの	きのみ	ちくちくするもの
あり	とりのなきごえ	きのこ
ふわふわするもの	だんごむし	いきもののすみか

図5－38　ビンゴカード例

き状など，いろいろな形や模様を探すゲームである。

自然界にはいろいろな形があることを伝え，子どもたちに探してほしい形や模様を書いたカード（**図5－39**）を配る。形や模様を上手に探すポイントは，景色のように大きくとらえて見えるものから，草花や昆虫のように小さな対象まであることを伝える。行動できる範囲と集合時間（合図）を伝えて，探索を開始する。保育者の合図で集合し，探したものの数を聞いたり，どのようなものを実際に発見したのかをみんなで話し合ったり，どこにあったのかを確認したりする。

活動の援助・配慮として，カードを作る際は，複雑な形は避けて，丸・三角・四角などの基本図形やわかりやすい形で作ったほうがよい。行動できる範囲は，保育者の目の届くところまでとしておき，安全な場所で行うようにする。探してきたものがあまり似ていなくても，こだわらずに子どもたちの発見を大切にする。自然の中には他にももっといろんな面白い形があるかもしれないことを伝え，活動後の興味につなげたい。また，フィールドビンゴと同様に園外に出る散歩などの時間に用いるのも効果的である。

b　自然物で作る

身近な環境において，子どもたちは草花や木々の変化を観察することで，季節の移り変わりを感じることができる。また，野外に出かけたときに葉っぱや木の実などを採集することも必要な体験である。それらの自然物を使った遊び

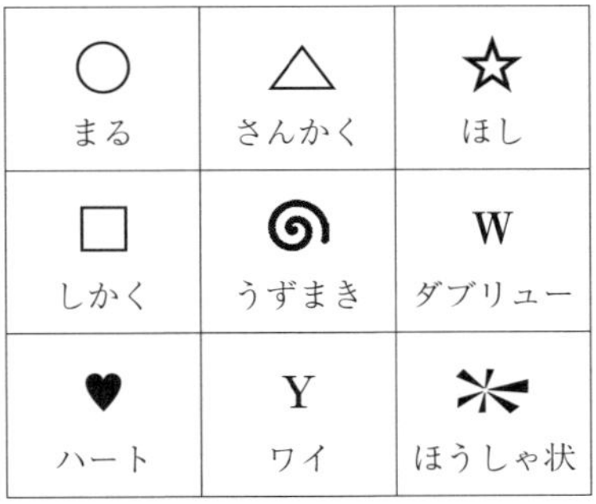

図5－39　フィールドパターン例

や製作を行うことで，視る，聴く，嗅ぐ，触る，味わう，といった五感をとおした原体験となる。

(1) 草花

草花は1年をとおして園庭や道端，公園などの身近な環境で見付けることができるもので，季節の移り変わりを教えてくれる存在でもある。花を摘んだり，種や実を採って集めたり，ごっこ遊びに用いたりと遊び方は多様にある。

草花のそれぞれの特性を活かした草花遊びも多様にあり，代表的なものは，ツクシ（スギナ）のつなぎ当て，スズメノテッポウの草笛，オオバコのひっぱり相撲，レンゲソウやシロツメクサのかんむり，ジュズダマのネックレス，ツユクサやアサガオの色水遊びなど多種多様である。色水遊びのような遊び方では，ペットボトルやプリンカップ，すり鉢・すりこぎ棒などがあると便利である。また，オナモミやヌスビトハギ，センダングサなどの「ひっつきむし」または「くっつきむし」と呼ばれる衣服にくっつく付着性のある草花は，的当てゲームやお絵描き遊びなどに用いることができる。

(2) 葉

葉を用いた製作や遊びは，こすり出し絵や版画，変身ごっこ，落ち葉プールなどさまざまであり，活動をとおして葉脈の模様の違いや葉と葉がこすりあう音，手触りの違いやにおいなどを感じることができる。ここでは，落ち葉で作った貼り絵を紹介する。

いろいろな色や種類，大小さまざまな葉っぱや枝を用意する。顔や動物など何に見えるか想像しながら試行錯誤し，思い思いに葉っぱを画用紙に貼り，貼り絵を作っていく。その素材の持ち味を活かす工夫が必要になってくる。活動をとおして，葉っぱにはいろいろな色や形，種類があることに気付くことができる。

準備するものとして，葉っぱや枝，木工用ボンド，画用紙が必要である。野外に出かけたときにできるだけ多くの葉っぱや枝を集めてくることが必要である。同じ色や種類のものをたくさん集める子もいれば，多種多様な組み合わせで集める子もいるなど特徴が見られることであろう。持ち帰った葉っぱや枝を画

図5－40　落ち葉で作った貼り絵

用紙の上に試しに置いてみながら出来上がりを想像し，イメージを膨らませていく。画用紙の上に葉っぱや枝を貼り付けていけば完成である（**図5－40**）。

(3) 木の実

近くの公園や神社，野山などに出かけるとマツボックリやドングリなどの木の実を見付けることができるであろう。ドングリは，コマややじろべえ，マラカスなどの製作材料として用いることができ，マツボックリの製作活動としては，けん玉やクリスマスリースなどがある。ここでは，マツボックリのミニツリーを紹介する。マツボックリを使って，手のひらに乗るくらいの小さなクリスマスツリーを作ってみよう。

準備するものは，マツボックリ，アクリル絵具（カラースプレー），紙粘土，ビーズ，スパンコール，モール，木工用ボンドなどである。

図5－41　マツボックリのミニツリー

作り方の手順として，まずマツボックリにアクリル絵具（もしくは，カラースプレー）で色付けをして乾かしておく必要がある。その間に紙粘土でマツボックリを乗せる土台を作っておくとよいだろう。紙粘土の表面が乾いて固まったら，土台にも色付けをしておく。

色付けしたマツボックリが乾いたら木工用ボンドを使い，ビーズやスパンコール，モールなどをマツボックリに飾り付けていく。紙粘土の台の上にマツボックリが真っ直ぐ立つように接着して完成となる（**図5－41**）。

c　野外で食べる

季節や伝統的な行事に関連のある料理を食べることは，伝統や文化に親しむことにもつながる。室内ではなく，外の空気に触れながら野外で食事をするといった体験も保育の中で取り入れたいものである。

子どもたちにとって，自分たちの育てた野菜を収穫して，自然の恵みを感じながら，それらを使った料理を食べることは貴重な体験である。日常の保育に取り入れることが難しい場合でも，保育参観やお泊まり保育など大人の手がたくさんあるときに用いることができるであろう。調理の過程で，切る・洗う・混ぜる・こねるなど子どもたちができるような簡単なお手伝いを入れるとなおよい。

(1) 夏野菜パエリア

パエリアとは，スペイン料理の炊き込みご飯である。園などで栽培したサフラン，ピーマンやナス，トマトなどの夏野菜を使用すれば子どもたちの関心を高めることができる。野外で作るパエリアは彩りもよく，思ったよりも簡単に作ることができる。

玉ねぎ・ニンニクをみじん切りにし，鳥モモ肉・夏野菜は食べやすい大きさに切る。固形コンソメを湯で溶かし，サフランの色味を出したスープを作っておく。フライパンにニンニク・玉ねぎを入れて熱し，玉ねぎがしんなりとしてきたら，鳥モモ肉・エビを入れて炒める。鳥モモ肉に火が通ったら，アサリ・トマトの水煮缶を入れて炒める。アサリの口が開き出したら，米とサフ

図5－42　パエリア

ランスープを入れ，全体を一度軽く混ぜ合わせて，塩・コショウで味を調え，水加減・火加減に注意しながら20分ほど煮込む。水分を飛ばして少し焦げ目が付けば完成である（**図5－42**）。

(2) フルーツジュース

フルーツジュースは，ミキサーを使って簡単に作ることができ，果物によっていろんな味を楽しむことができる。

作り方は，バナナの皮をむいて，一口大に切り分ける。バナナ，きな粉，牛乳をミキサーに入れ，ミキサーにかける。コップに移し，はちみつを適量入れたら完成である。牛乳の代わりにアイスクリームなどで代用してシャーベット状にしてもよい。ただし，乳児（0歳児）にはちみつを用いてはならない。

(3) 七草粥

七草粥は，春の七草セリ，ナズナ，ゴギョウ（ハハコグサ），ハコベラ（ハコベ），ホトケノザ（コオニタビラコ），スズナ（カブ），スズシロ（ダイコン）を細かく切り炊いたお粥である。1月7日に七草粥を食べる習慣は，1年の邪気を払い，無病息災の願いが込められている。また，七草には整腸作用があり，正月に食べ過ぎて疲れた胃や内臓を休めるといわれている。

七草は沸騰した湯に入れ，さっと茹で，水にさらした後，細かく刻んでおく。研いだ米と水（米1カップに対して水4カップほど），スズナ（カブ），スズシロ（ダイコン）を鍋に入れ，沸騰したら弱火で30分くらい炊く。粥が炊き上がったら，細かく刻んだ七草を鍋に加え，塩や醤油等で味を調える。

2節　遊具・素材

「保育環境」にはさまざまな「物的環境」が存在する。「保育環境」において，季節や天気，時の流れ，桜の開花，蝶の蛹の羽化といった，人間の手で操作することの難しい「自然環境」と異なり，「物的環境」は人間が手を加えることのできる環境である。そのため保育者には，専門家として，「物的環境」をどのように構成するかが大いに問われてくる。保育は「環境を通して」行われる。その環境を構成する技術が，保育者の専門性の一つなのである。そのためにも，「物的環境」にはどのような物があるのかを把握しておかなければならない。また，これらの物的環境にはどのような領域「環境」にかかわる学びの諸側面があるのだろうか。本節ではこれを扱う。

1　遊具・玩具

「遊具」とは遊びに用いる道具である。『幼稚園教育要領』（文部科学省，2017）や『保育所保育指針』（厚生労働省，2017），『幼保連携型認定こども園教育・保育要領』（内閣府，2017）でもその意味で記されている。さらに，これら要領・指針の源流であり，倉橋惣三《くらはしそうぞう》が作成に携わった『保育要領―幼児教育の手びき―』（文部省，1948）においても「遊びに使う物全て」と説明されており，現在でもその考え方は変わらない。『保育要領―幼児教育の手びき―』の時代から「遊具」には「絵本」や「楽器」「大工道具」も含む。現代では，狭義的に固定遊具（次頁参照）のみを指す場合もある。遊びとは何か，道具とは何か，文脈から読み取らなくてはならない。

「玩具」は「おもちゃ」ともいい，「もちあそび」を由来とする名の通り，持って遊ぶ遊具を指す。「玩具」の「玩」という字は，玉を意味する「王」と，両手を意味する「元」から成り，両手の中で玉を転がして遊ぶという意味を含んで

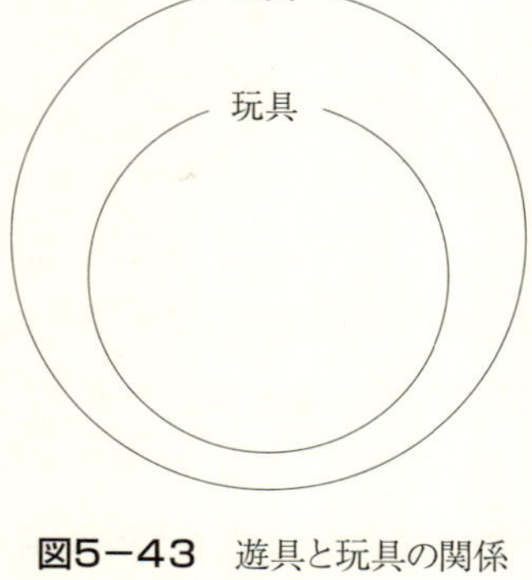

図5−43　遊具と玩具の関係

いる。これらの語源からもわかるように，「玩具（おもちゃ）」とは手を用いて遊ぶ道具である。よって，「玩具」は「遊具」の中に含まれる（**図5－43**）。

a　固定遊具

「固定遊具」とは，園庭等に設置され動かせない遊具を指す。その場から動かない遊具のため，その場に幼児が来ることで遊びが展開される。

安全かつ長期の使用を可能にするためには点検が必要である。風雨にさらされることによる腐食やボルトのゆるみなどがないか，確認を行う必要がある。管理者による日，週，月ごとの「日常点検」はもちろん，専門業者による「定期点検」も欠かせない。

⑴ 滑り台（スライダー）

一般には，1つの階段と，1つのステップ，1つの滑り面で構成されている（**図5－44**）が，階段が梯子状や太鼓橋状になっているもの，滑り面が波状やローラーになっているもの，複合遊具の一部となっている等，さまざまな形状が確認できる。特に複合遊具の一部となっている場合は，滑り面の幅が広いものがあり，複数が同時に滑って遊ぶ姿も見られる。

遊び方は，階段を上り，ステップで下を確認し，滑り面で降りるというのが通常である。しかし，滑り面が螺旋状になっていることで下を確認することが困難なものもあるので，「下をよく見ること」や「滑り降りたらすぐにその場を離れること」を幼児に伝えなくてはならない。また，滑り降りる先が砂場など別の遊び場となっている場合は，衝突の可能性を踏まえて援助しなくてはならない。一方，滑り始めの垂直落下の危険性も踏まえ，下に緩衝材を敷いたり土を盛るなどの対策も考えたい。

遊ぶ場面では，ブレーキをかけながら滑ったり，滑り面を下から登ったり，砂やボールを滑らせる姿も見られるが，すぐに禁止せず，よく観察して幼児の遊び

図5－44　滑り台

を見守り，その理由を考え，時には子どもに問いながら援助したい。

⑵ **ジャングルジム（枠登り）**

ジャングルジムとは，金属製の棒が縦や横に組み上げられている固定遊具である（**図5－45**）。体全体を運動させるが，特に腕と肩の発達を促す。登る，ぶら下がる，腰掛けるなどの運動をとおして，重力の影響や質量についても体感的に学ぶ。また，仲間との協力を学んだり，冒険心を満足させたりもできる。

基地や隠れ家，檻にも見立てられ，ごっこ遊びや鬼遊びの拠点ともなる。縄の一方を結び付けて縄跳びの補助器具としたり，サッカーゴールにしたり，フックや凹みのある板を立て掛けて滑り台にもできる。

形状は，直方体を組み合わせたものが一般的だが，円柱や球，乗り物（飛行機等）を模したものもある。この場合，遊びの展開も変わってくるだろう。地球儀型の「グローブジャングル」という回転するジャングルジムもある。

⑶ **雲梯《うんてい》**

雲梯は「くも」の「はしご」という名の通り，**図5－46**のように金属製の梯子が空に掛かる形状が一般的である。ジャングルジム同様，腕と肩の発達を促す。

梯子部分にぶら下がりながら移動して遊ぶ。「半分まで進もう」「今度は１つとばしで進もう」など，目標意識が生まれやすい固定遊具である。その際，距離や数といった，数量に関する体験も伴う。

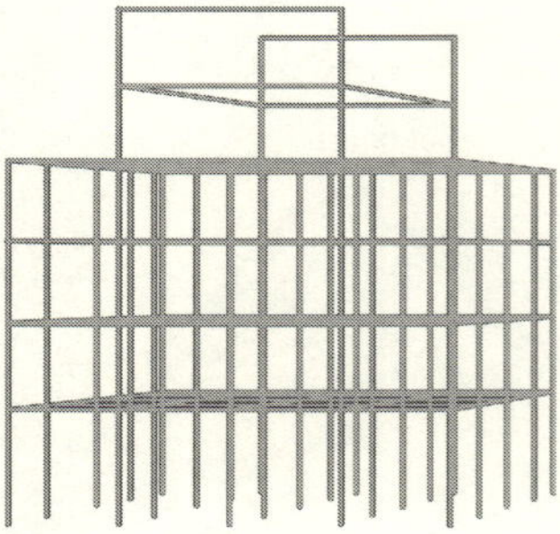

図5－45　ジャングルジム

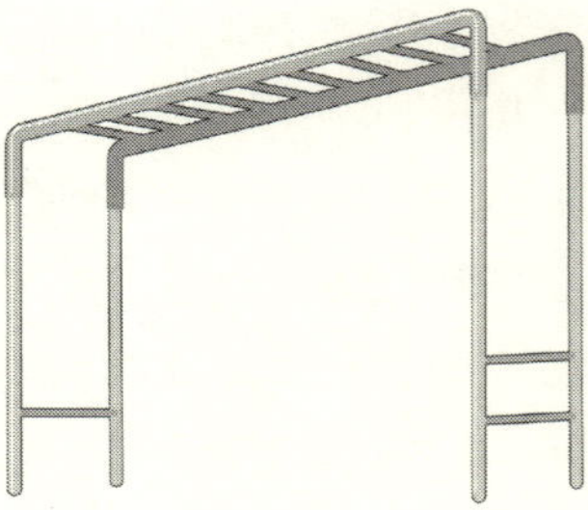

図5－46　雲梯

(4) 太鼓橋

太鼓橋とは**図5－47**のように，梯子が曲がった橋状で地面に設置された遊具であり，名の由来は画像検索をするとよくわかる。四肢を使って登り渡る遊具であり，頂上で向きを変える際には，限られた足場で四肢を使うため，バランス感覚が養われる。また，雲梯のように中央にぶら下がって遊んだり，サッカーのゴールとして遊んだりする姿も見られる。

(5) ブランコ

ブランコとは，空中に渡された支柱や枝に２本の鎖あるいはロープで座板が吊り下げられている遊具である（**図5－48**）。振子運動をすることが特長であり，体験的に振子運動を学べる遊具である。

座板部分が椅子になっているものもある。座板に座ったり立ったりして乗り，漕ぎ揺らして遊ぶものであるが，１人が座ってもう１人が押したり，１人が座ってもう１人が立って漕ぐという姿も見られる。座板部分は，従来は木製であったが，プラスチックやゴムでできているものが増加してきた。安全面への配慮であろうが，ゴム製では２人で一緒に乗ることは難しくなる。タイヤやロープのブランコも存在する。「ニュートンのゆりかご」と比較しても面白い。

ブランコに限ったことではないが，遊具の取り合いの予防には，順番を待つことでいずれ自分の番が来ることや，漕ぐ回数を決めておくという方法がある。『ノンタンぶらんこのせて』（キヨノサチコ，1976）が参考になる。

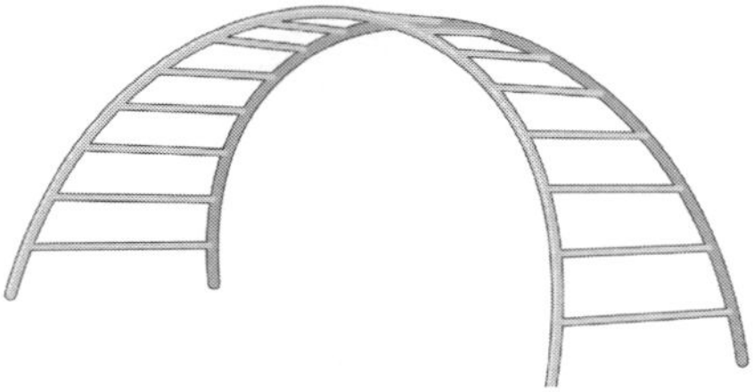

図5－47　太鼓橋

図5－48　ブランコ

動きのある遊具は，事故防止に努めなくてはならない。動いているブランコのそばには近寄らないよう，「視覚的に」子どもへ伝えることが必要である。怪我が心配ではあるが,「振子運動」といったブランコだからこそ学べる側面もある。

(6) スプリング遊具（トロピック）

スプリング遊具とは，**図5－49**のように乗り物や動物をかたどった乗る部分が，スプリングによって地面に固定されている遊具である。乗る部分にまたがり，体重移動で揺らすことで，眩暈《めまい》遊びを楽しめる。前後だけでなく左右に揺らしたり，またがる部分に立って漕いだりするなど，遊びの展開が見られる。

ブランコと「揺れを遊ぶ」という共通点はあるが，ブランコは揺れの支点が上であるのに対し，スプリング遊具は下であること，また，支点までの距離がブランコのそれより短いという点が異なる。

(7) プレイハウス

プレイハウスとは，**図5－50**のように，外観が家の形をした固定遊具である。扉と窓の部分は開放されている場合や，扉・窓がついている場合がある。中の壁には机や椅子が固定されている物もあり，部屋をイメージさせる。その形状から，そこを拠点として家族ごっこや飯事，お店屋さんごっこなどの模倣遊びが展開されやすい。

(8) ゲームボックス

プラスチック製で立方体の形状をしており，1面以外は全て円形の穴が開いている。並べたり積み重ねたりでき，接続パーツでつなげて固定することもできる。机にしたり，舞台にしたり，トンネルにしたりと，さまざまな使い方が可能

図5－49　スプリング遊具

図5－50　プレイハウス

である。後述の「大型積み木」同様，数量認識や協同性の育ちが期待できる。

⑼ **複合遊具（コンビネーション遊具，総合遊具）**

複合遊具とは，固定遊具の幾つかが組み合わさったものであり，その形状はさまざまである。例えば，**図5－51**では，ローラー滑り面，トンネル滑り面，階段，梯子状階段，ネット，橋，ステップが組み合わさっている。

遠山喜一郎が1954年に考案した「巧技台」もこれに含むことができる。こちらは簡単に組み換えができ，鉄棒や梯子，平均台，滑り面などを幼児の育ちや運動能力に沿って組み合わせ，環境を構成することができる。

b　移動遊具（乗用遊具）

移動遊具とは，それに乗り移動して遊ぶものである。何台もあると仲間同士で連なって走ったり，競争したりできる。さらに信号機や道路標識，ガソリンスタンドを用意すれば，さらなる展開へ誘導でき，領域「環境」の内容の「日常生活の中で簡単な標識や文字などに関心をもつ」機会にもなるだろう。

坂では思わぬスピードが出て危険につながるため，適切な援助が必要である。

⑴ **キックカー（コンビカー，ビークル，足蹴り車）**

キックカーとは車型の遊具であり，またがって乗り，両足で地面を蹴って移動する（**図5－52**）。四輪だけでなく，三輪や，ポニーなど動物型もある。

⑵ **三輪車**

三輪車とは，車輪が3つある幼児向けの車である。サドル部分に腰掛け，前輪

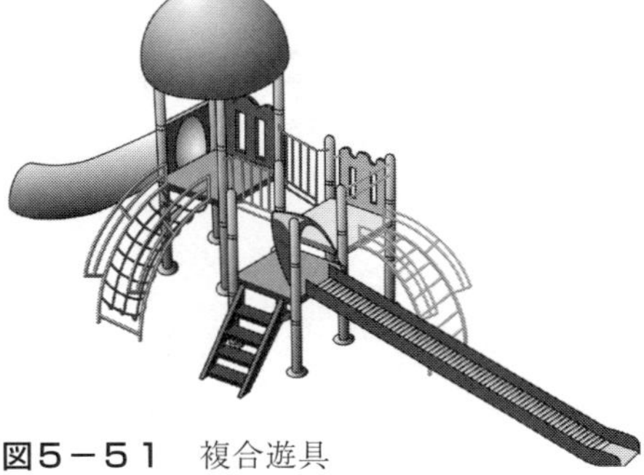

図5－51　複合遊具

図5－52　キックカー

に連動しているペダルを漕ぎ，ハンドルを切って運転する（**図5－53**）。キックカー同様に足蹴りのもの，手で漕ぐもの，荷台があるもの等，さまざまな三輪車が存在する。

⑶ スクーター（キックボード：商標）

スクーターとは，片足を板面に乗せ，もう片足で地面を蹴り，ハンドルを切って進む，２輪または３輪の車である（**図5－54**）。

c　運動玩具

どのような遊び方をしてもよいが，主に運動遊びに使われるものを挙げる。

⑴ ボール（毬）

ボールは，その形状が球というシンプルなことも相まって，室内外で乳児から楽しむことができる玩具である。その色，形を見せたり，転がしたり，隠したり，弾ませたり，キャッチボールをしたりと，さまざまな遊び方ができる。手毬突きに歌われる手毬歌，「あんたがたどこさ」は有名であろう。

ボールは一般的にゴム製で中が空洞だが，しわくちゃボール（ボーネルンド社）のようにウレタン製で中が詰まっているものや，オーボール（ラングスジャパン社）のように，輪がつながったボールも存在する。特に輪がつながったボールでは，その輪に指を引っ掛けたり，タオルを出し入れする遊び方もできる。

ボールは一人遊びから，集団遊びまで，さまざまな場面で活躍するだけに留まらず，「落ちる」「転がる」「弾む」などの物理現象も遊びの中で体感できる重要な玩具である。

⑵ お手玉

お手玉とは，小豆や米などを小さな布袋に入れて縫いくるんだ玩具である。

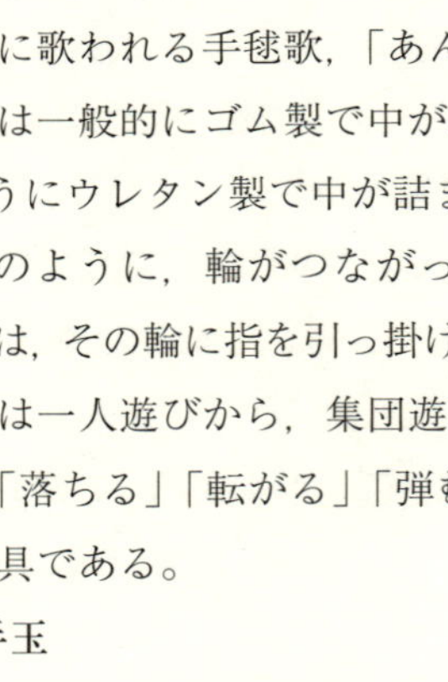

図5－53　三輪車

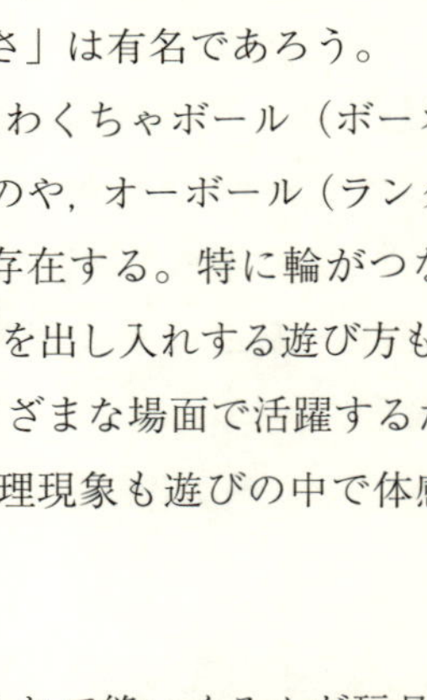

図5－54　スクーター

幾つかを投げ上げたり受けたりして遊ぶ。歌に合わせて遊んだり，同時に複数の玉を投げ上げてジャグリングのように遊んだりすることもできる。同時に幾つ投げられるか，どのように投げられるか，技術の上達を楽しむこともできる。

なお，お手玉遊びで歌うわらべ歌は，手毬歌と共通するものが多い。

(3) けん玉

けん玉とは，十字状の柄である「剣」と，穴の開いた「玉」とが糸でつながっている木製玩具である。振り上げた玉を皿で受けたり，剣の先端にはめたりして遊ぶ。江戸中期に中国から渡来したもので，大正時代に皿が3つとなり，現在の形がほぼ完成した。同類のものが世界各地で遊ばれている。

なお，表記には「剣玉」や「拳玉」などがあるが，現在は「けん玉」が一般的である。海外でも受け入れられている玩具である。

(4) ヨーヨー

ヨーヨーとは，饅頭形の2つの円盤を短い円柱の軸でつなぎ，その軸に紐が結び付けられている玩具である。紐の端を手に持って本体を垂らし，回転に伴う反動を利用して上下させて遊ぶ。ジャイロスコープの原理を応用したもので，中国で創案されたものといわれる。軸を中心に回転させて遊ぶという点が独楽と共通しているといえよう。軸が固定されているものと回転するものが存在し，それぞれできる技が異なるので，両方準備したい。

なお，水風船にゴムをつけた「水ヨーヨー」という玩具があるが，その原理は「ヨーヨー」のような回転を伴うものとは異なり，「手毬突き」に似ている。

(5) 独楽《こま》

世界中で古くから存在する玩具である。指先でつまんでひねって回す「ひねり独楽」，糸を巻いて投げて回す「投げ独楽」など，さまざまな独楽が存在する。回転を伴い，力学現象に触れられる玩具でもある。特に投げ独楽については，地面で回すだけでなく，手に乗せたり，回したまま糸で持ち上げたりする技が存在する。日本独楽博物館監修の『こままわし』(ポプラ社，2016)が参考になる。

叩き独楽，糸引き独楽，地球独楽（ジャイロスコープ），ベーゴマ，吹き独楽等，さまざまな独楽が存在する。子どもの発達や保育のねらいに合ったものを置きたい。

⑹ フープ（フラフープ：商標）

フープとは，プラスチック製の輪で，中に入り腰で回して遊ぶ。腰以外にも首や腕，脚など体のいろいろな部分で回したり，幾つものフープを同時に回したりして楽しむことができる。回す数を競う姿や，フープを転がしたり，その中をくぐったりして遊ぶ姿が見られる。独楽同様，回転を伴う遊具でもある。

⑺ 竹馬（高足，鷺《さぎ》足）

竹馬とは，一般的には１m程度の２本の竹竿（または金属パイプ）の下方に足場を用意したものである（**図5－55**）。足場に片足ずつ乗せ，竿の上端を握って歩く。手と足との協応を促すことができる。慣れれば２m超も扱うことができる。

⑻ ぽっくり

ぽっくりとは，踏み下駄に紐がついている遊具である（**図5－56**）。竹や木，缶，プラスチックなどの素材で，形状もさまざま存在する。紐を持ち，踏み下駄に足を乗せ，歩くことを楽しむ。竹馬同様，手と足との協応を促す。

⑼ 跳び縄（縄跳び，縄跳びの縄，縄）

跳び縄とは，縄跳び（縄遊び）に使用される道具である。１人で跳ぶ短縄跳びは，縄の両端を左右の手で持って回しながら，その上を跳び越える。跳ぶ数を数えたり，駆け足で跳んだり，後ろ跳びをする姿も見られる。また，２人で回して別の仲間が跳ぶ長縄跳びもあり，ジャングルジム等に片方を結び，もう片方を１人が回す場合もある。縄跳び歌（わらべうた，遊び歌）では「郵便屋さん」が有名であろう。

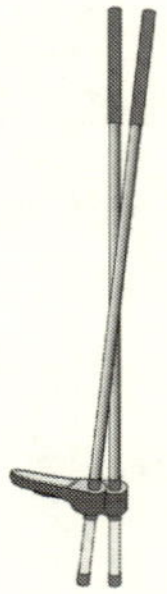

図5－55　竹馬

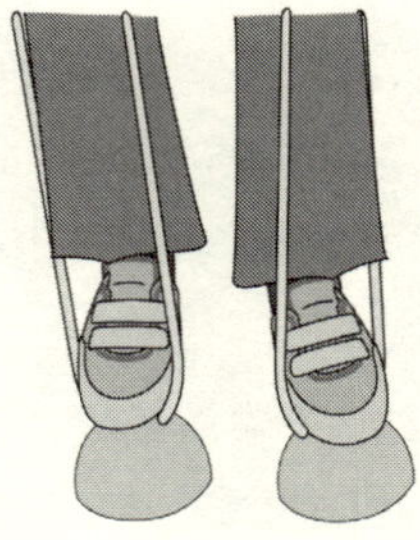

図5－56　ぽっくり

結んで輪にして電車ごっこに使ったり，結んで引っ張って三輪車をプルトイ（引き車）にする道具にもなる。可塑性に富んだ紐である。

d　楽器（機能遊びの遊具として）

楽器とは，音を出すための道具である。種類は非常に多く，打楽器，管楽器，弦楽器，鍵盤楽器などがある。また，発音原理の違いによって，体鳴楽器，膜鳴楽器，弦鳴楽器，気鳴楽器，電鳴楽器の５種類に分類される。

子どもは生後３ヵ月頃からガラガラなどの音の出るものに興味を示し，音への関心は早い時期から見られる。楽器を扱う際には，行事などへ向けての練習などではなく，音を遊ぶ延長として子どもに与えることが望ましい。個々の持つリズム感を大切にしたい。また，既製の楽器だけではなく，廃材などによって製作することができることも伝えていきたい。

⑴ カスタネット

カスタネットとは，打楽器の一つで，二枚貝のように組み合わせた木片を打ち合わせて音を出す。手のひらに収まるくらいのサイズで木製のものが多い。木を打ち合わせる楽器としては，「拍子木」や「鳴子」があり，積み木やペットボトルのキャップ同士を打ち鳴らしても，同様の楽しみ方ができる。

⑵ タンバリン（タンブラン，タンブリン）

タンバリンとは，打楽器の一つで，円形の木製もしくは金属製の枠の片面に皮膜を張り，枠に金属製の薄い円盤をつけたものである。手に持って膜を打ったり，振って円盤を鳴らしたりして音を出す。

⑶ 鈴

鈴とは，金属製で球形の鳴り物である。内部は空洞で玉が入っており，球の下には細長い穴が開いている。振り動かすことによって音を楽しむことができる。

⑷ トライアングル（三角鉄）

トライアングルとは，金属の棒が三角形に折り曲げられている打楽器であり，１つの頂点のみ開いている。金属棒で打ち鳴らし，演奏する。

e　構成玩具・素材

主に構成遊びで使用される玩具や素材を扱う。積み木とブロックは，どちらも英語表記では「block」となるが，ここでは接続できないものを「積み木」，凹凸や磁力で接続できるものを「ブロック」と呼ぶ。

(1) **積み木**

積み木は，立方体や直方体，三角柱，円柱，球などの形から成り，木，EVA樹脂，アクリル，石などの素材でできている。並べたり，積んだり，崩したりして遊ぶ。サイズはさまざまあり，手のひらサイズのものから，両手で持ち上げるサイズのものまで存在する。『保育要領―幼児教育の手びき―』（文部省，1948）では，20cm基尺の「大積み木（箱積み木）」が遊具の具体例として挙げられており，現代も「大型積み木」や「箱積み木」として，その類型が遊ばれている。大型のため，自然と協同遊びが展開される。布やぬいぐるみ，製作物を組み合わせたい。

「基尺」とは，積み木の一式の中での基本の長さである。それが同じ立方体2つと直方体2つを合わせることで「同形同量」になることを知る（**図5−57**）。ただし，これを確かめるためには，立方体と直方体の入った積み木セットが必要である。

「恩物」（フレーベルが1837年に考案）に含まれるものが最初の積み木であるといわれている（**図5−58**）。自然界の法則を単純化した球，円柱，立方体を基本とし，直方体や三角柱などにより系統的に組み合わせて作られている。基尺は2.5cm（デュシマ社製）と3.0cm（フレーベル館製）がある。

遊び方は①生活の形式（身近なものに見立てる），②美の形式（線対称や点

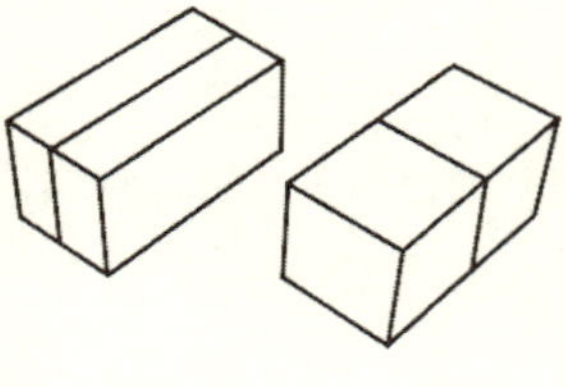

図5−57　同形同量の例

図5−58　第3恩物

対称の造形)，③認識の形式（高さや重さ，硬さ，温度，質感等を確かめる）があり，重なる場合もある。どこまで高く積めるかを確かめているかもしれない子どもに，「タワーを作っているんだね」等と一方的な声掛けをしてはならない。

さまざまな積み木が存在する。和久洋三考案の「和久積み木」(4.5cm 基尺)，デュシマ社の「フレーベル積み木」や「ウールレンガ積み木」(3.33cm 基尺) は，共に恩物のレプリカといえる。カプラ社の「カプラ」は建築家トム・ブリューゲンが考案した積み木。同形状で歪みはなく17m以上に積み上げられ，崩した時の音までも研究されている。また，「シュタイナー教育」では木の皮をそのまま残して自然の味わいを生かした「シュタイナー積み木」が置かれている。

ネフ社の「ネフ・スピール」や「リグノ」は5cm 基尺の立方体をくり貫いた形状で，赤・黄・緑・青の4色構成である。前者はチョウもしくはリボンをイメージさせる形状，後者は円柱が収まっている形状であり，美の形式や認識の形式での遊びが展開しやすい。また，ビー玉を転がす道のある「玉の道積み木」(クーゲルバーン，キュボロ，スカリーノ等）も存在する。継続的に認識の形式で遊ぶ幼児の姿がある。

(2) ブロック

ブロックは素材が合成樹脂から成るものが多い。レゴ社のレゴやレゴデュプロ，日本生まれのダイヤブロック（カワダ）やニューブロック（学研），ラキュー（ヨシリツ)，ワミー（コクヨ)，アーテックブロック（アーテック）等，さまざまなものが存在する。レゴとレゴデュプロは基尺が同じなため，一緒に遊べるので，覚えておきたい。「井形ブロック」とはニューブロックの通称である。

積み木よりも複雑な形状のため，積み木の後に与える玩具だと思われがちだが，凹凸により組み上げることができるので，重力を積み木ほど意識しなくても遊べ，より簡単に造形が可能である。組み立てずにかき混ぜて音を確認したり，できたものでごっこ遊びをしたりする姿も見られる。

注意点がある。接続してもすぐに外れてしまうものや，子どもの力では外せないもの，割れやすいものが存在するので，適宜確認しなくてはならない。また，洗濯ネットに入れて洗濯機で洗うと，簡単に衛生面を確保できる。

⑶ 洗濯ばさみ

生活の道具である「洗濯ばさみ」も，環境の構成次第で遊具となる。『せんたくばさみのふしぎ工作』（立花・佐々木，2013）では，工作の仕方だけでなく，洗濯ばさみの構造や種類も紹介されており，保育者側としても，どのような遊びに発展するか，見通しを立てることができるだろう。

2017（平成29）年告示の『幼稚園教育要領』において「教材を工夫し，物的・空間的環境を構成しなければならない」とあるように，洗濯ばさみに限らず，コップや鍋などの生活の道具がどのような教材になるか，考えて構成したい。

⑷ 綾取《あやと》り紐《ひも》

綾取り紐とは，長さ50cm程度の紐の両端を結んで輪にしたもので，綾取りで使う玩具である。綾取りは平安時代から行われたといわれている。綾取り紐を両手首や指に掛けたり外したりしながら，いろいろな形を作って楽しむ。2人で交代に取り合うのが通常だが，1人でも3人以上でも遊ぶことができる。

f　構成遊びの素材

構成遊びをより豊かなものにするためには，様々な素材が必要である。その素材を系統的に環境へ構成することで，子どもは自発的に活動する。子どもの「あれが欲しい」「これが作りたい」という「気持ちの動線」を切らない環境を構成したい。系統的とは，例えば素材を3次元（塊）から0次元（点）のように分類することである（**表5－1**）。

⑴ 粘土：塊の素材

粘土は自由自在に量や形を変えることができ，何度も作り直しができるの

表5－1　素材の系統図

形	3次元				2次元	1次元	0次元
	塊（立体）				面	線（棒，環）	点※i（粒）
	立方体・直方体	円柱	円錐台	球，半球			
	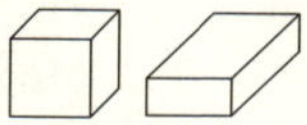				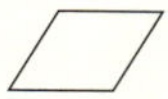		•

※i　厳密な0次元（点）は大きさがないが，ここでは指に乗る程度の大きさのものとしている。
玉成恩物研究会編『フレーベルの恩物であそぼう』フレーベル館，2000，今川公平編著『導入からの保育の流れがよくわかるこどもの造形――画材・準備・ことばがけ・褒め方』ひかりのくに，2007を参考に筆者作成

で，幼児がさまざまな形を作るのに適した材料である。適当な硬さ（柔らかさ）と伸縮性を持つものであれば，創造性を膨らませて自由に製作することができるので，幼児を満足させる。ただし，硬すぎて可塑性のないものだと，基本的な形の球を作るだけに終わってしまうなど，遊びを狭めてしまう恐れがある。

特に土粘土は土・泥・水の感触や，水の加減で硬さの調節ができ，また，指先での小さな造形から体全体での大きな造形まで取り組むことができる素材である。作った後は，玩具としても機能する。ままごと道具や野菜･果物，動物，乗り物などとなり，遊びを広げることができる。しかし，形が崩れやすいという欠点もある。

⑵ 牛乳パック（屋根型飲料容器，ゲーベルトップ型紙パック）：塊の素材

牛乳が入って売られている容器は幾つか存在するが，ここでの「牛乳パック」は，屋根型のミルクカートン容器を指す。紙は本来水に弱いが，牛乳パックの紙は両面がポリエチレンフィルムでコーティングされており，耐水性がある。

この廃材は入手しやすいことからさまざまな保育現場で使用されており，保育雑誌などの製作物や手作り家具紹介でも素材に挙げられることが多い。積み木を製作する際は，膨らんで積みにくくならないように配慮したい。また，アレルギー対策により，牛乳以外の飲料パックで代替した方が良い場合もある。

⑶ ペットボトル（PET bottle：和製英語）：塊の素材

ペットボトルとは，ポリエチレンテレフタレート（PET）を材料として作られている，軽くて割れにくい瓶で，多くが円柱型である。身近な飲料容器であることから，保育の場に取り入れられている。色水を入れてままごとに使用したり，米粒や豆を入れてマラカスにしたり，加工して入れ物にしたりできる。透明で長持ちする色水を作る場合には，クレープペーパー（ゴーラク社）を活用したい。

⑷ ロールペーパー芯：塊の素材

ロールペーパー芯は，キッチンペーパーなどの使用後に残る筒であり，牛乳パック同様，保育の場でよく扱われる廃材である。お菓子の空き箱での製作は直線的な製作物になりやすい一方，ロールペーパー芯は円筒形であるので，曲線を活かした製作が期待できる。トイレットペーパーの芯は衛生面に留意したい。

(5) プリンカップ：塊の素材

プリンカップは，食品のプリンの空容器であり，形状は側面が平らのものや波状のものがあるが，概ね円錐台である。材質はプラスチックのため，ポスターカラーでの着彩は可能であるが，「切る」といった加工は難しい。

(6) 折り紙（origami）：面の素材

折り紙は，一般的には15cm四方の正方形で，表面に色がついており裏面は白い紙である（千代紙や色紙と呼ぶ場合もある）。紙を折る過程も「折り紙」といい，正方形を半分に折ると，長方形になったり二等辺直角三角形になったりする。さらに折り続けることで，平面（2次元）から立体（3次元）へと変形する。子どもから大人にも愛されている。科学技術にも応用され，「ミウラ折り」はその代表といえる（木の芽や虫の羽にもミウラ折りのものが存在している）。

指先の巧緻性を高めるためだけでなく，完成を見通して今どこを折っているのかを考えることで，指先と紙とが相互作用系列として表象され，その機能を高める。それには，同じスタートでなくてはならず，広告紙から作るなどした歪みのある形では，その精度が下がってしまう。どこに教育的価値があるのか考えなくてはならない。

(7) アルミホイル（アルミ箔，銀紙）：面の素材

アルミホイルとは，アルミニウムを紙状に薄く伸ばしたものであり，一般には食品の包装などに使用される（「銀紙」と呼ばれることもあるが，本来はアルミホイルに紙を裏打ちしたものである）。光沢を楽しむことはもちろん，木の葉を押し当てて模様を写し取るなどの遊びができる。また，紙とは異なる性質を利用して，食器を作るなどの造形を楽しむこともできる。

(8) シール：面や点の素材

シールとは，紙片の裏に糊がついたもので，表は無地や，絵・文字を印刷したものなど，多種多様なものが存在する。円形，楕円形，四角形，星形，また，半立体になっているものなど，さまざまな形状のものが存在する。

例えば，円形の白い無地のシールにひと回り小さい黒の円形シールを貼ったり，黒ペンで模様を描いたりすることで，「目玉シール」を作ることができる。その「目玉シール」を2つ石に貼るだけで，その石にまるで心があるかのように遊ぶこともできる。

(9) ビニール紐（タフロープ：商標）：線の素材

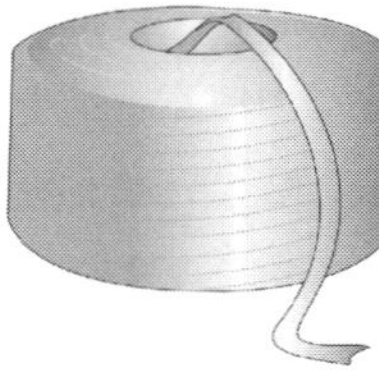

図5－59　ビニール紐

荷物の梱包などに使用されるビニール紐だが，保育の場ではポンポンを作る等，さまざまな製作の素材になる（**図5－59**）。製作コーナーに置くときには，そのままでは転がっていってしまうため，棒に通しておいたり，あらかじめ適当な長さに切っておいたりする等の準備が必要である。その他にも，毛糸などの材質が異なる紐と共に，糸電話の糸として聞こえ方を比較しても面白い。

g　模倣玩具（想像玩具）

(1) 人形類

人形とは，土や木，紙，合成樹脂などで人間の形を真似て作られたものである。古くは信仰の対象であったが，中世以降は愛玩用，観賞用などへの発達を遂げた。演劇にも用いられ，さまざまな人形が存在する。

保育の場では，幼児を模した赤ちゃん人形や，マネキンにも似た着せ替え人形，手を入れて動かすハンドパペット（手人形）や，指を入れて動かすフィンガーパペット（指人形）などが見られる。人の形に限らず，動物やキャラクターの形をしたものも数多い。ままごと遊びや積み木，ブロックとの相性も良い。

人形は，その形状によって遊び方に変化がある。例えば，赤ちゃん人形に対しては，幼児はお母さんになりきり，着せ替え人形に対しては自分がその役になりきる姿が見られる。

人形選びは『シュタイナー教育小事典―子ども編―』（西川，1993，p.220）が参考となる。そこでは，きれいな顔や頬で，寝かせると目を閉じるきれいな人形を与えると，子どものファンタジーは死んでしまうという。ハンカチで人形を作り，インクのしみで目と口を付けて，腕を作ると，子どもはたくさん空想するのだという。人形の与え方について，考えさせられるのではないだろうか。

(2) ミニカー

ミニカーには，砂場用のプラスチック製のものや，木製に車軸が金属でできたタイヤが付いたもの，金属製で精巧に作られたもの（タカラトミー社のトミカ等）がある。車を走らせてそのイメージを楽しんでいることもあれば，坂道を走らせてどこまで進むか確かめたり，どのような仕組みでドアの開閉ができるのかを確かめたりする姿もある。車庫を１台に１つ用意すれば，１対１対応を学ぶ機会にもなる。街づくりや積み木，ブロックとの相性が良い。

⑶ 電車

ブリオ（ブリオ社）やプラレール（タカラトミー社）が有名である。前者は木製で１歳半頃から遊べ，車両同士を磁石で接続して長さを確かめたり，線路上を押し転がして車輪の動きを確かめたりもできる。後者はプラスチック製で3歳頃から遊べる。立体交差をすることができて車両は電池で動くため，「玉の道積み木」のように線路をつなげた後，想像通りに走るかどうかを確かめることもできる。子どもの姿やねらいに合わせて揃えたい。

⑷ ままごと用具

「ままごと」を漢字で表すと「飯事」となるが，食事に限らず家庭生活の模倣も「ままごと」と呼ばれることが多い。よって，ここでは「ままごと用具」は，家庭生活の模倣遊びの際に使用される道具を指す。

ままごと用具の代表的なものでは，「たべもの」があり，園によっては「ごちそう」とも呼ぶ。既製のプラスチックを素材としたもので，果物や野菜，おにぎり，パンなどの形をしているものがある。半分に分割でき，分割面にマジックテープが施されたものがある。切る・割る・剥くなど，料理を模倣することができるが，古くなることでマジックテープがはがれてしまうことがある。その場合は遊びの充実のためにも早めに修復することが望ましい。また，布で綿をお手玉のようにくるんで縫い合わせ，色や形（球，俵，ひも状）から見立てられる「具材」を手作りするのも良い。『具材―ごっこ遊びを支える道具―』（子どもの生活と遊び研究会，2017）が参考になる。

「食器」は，本物を小さくして，子どもの手のサイズに合わせたものが望ましい。より，“ままごとごっこ”の世界を楽しむことができるからである。ただし，外見は本物に近いものの内側が中途半端にくり貫かれているような食器では，中に食材を入れることができず，満足できないことがある。『増補よいおもちゃとはどんなもの』（永田，2000）の内容・イラストが参考になる。

また，コーナーを設けることで，ままごと遊びをより楽しいものにすることができる。保育室内や共有スペースの一角に，2畳ほどの畳やカーペットを敷き，3辺を囲ってやると安定する。エプロンやテーブル，キッチンセット，食器，鍋，フライパンなどに加え，人形やぬいぐるみ，ベッド，タンス，壁掛け時計，窓，病院ごっこ用のナースキャップや聴診器，包帯などもあると，子どもの模倣遊びを広げることができる。

3節　食を取り入れたもの

食の安全に対する意識は年々高まりを見せている。食の安全が懸念される状況には，外食の機会が増え，家庭でも加工食品を利用する機会が増えたことが関係していることや，家族みんなそろっての食事がともすれば減っていることも関係していると考えられる。都市部に生活する子どもたちにとって食べるものを人が作っているのだという実感は乏しい。「子どもが生活と遊びの中で，意欲をもって食に関わる体験を積み重ね，食べることを楽しみ，食事を楽しみ合う子どもに成長していくこと」（保育所保育指針）が求められていることは，こうした状況に関係している。人は植物や動物を食べて生きていること，人が食べるものの多くは人が工夫して得たものであること，調理によってよりおいしく食べることができることなどを知るための保育が，各園の実情に合わせて，展開されることが期待される。

おやつは子どもたちがワクワクして味や形に思いを巡らすこと，みんなで一緒に食べることの楽しさなどを知ることができる活動であることから，その機会を通して，役割を持って積極的に準備をすることや提供される食べ物に関心を持つ活動を設定したい。自分たちで栽培・収穫したサツマイモのおやつなどでは，自然に感謝しながら大切に食べ，日頃の食事よりもよりいっそう味わって食べることができるだろう。保育の場面に導入する際には，衛生管理の徹底や食物アレルギー（特に，鶏卵・乳製品・小麦・ナッツなど）への配慮などが必要になるが，保護者の理解や協力も得ながら進めたい。グローバル化の進展にともない世界中の異なる食文化に触れ，我が国の伝統的な行事の中で食に意欲をもってかかわることは，「食を営む力」を育むことにもつながる。

1　各国の食文化とのかかわり

a　ナン

保育への導入：ナンはイースト菌の発酵によってできる簡単なパンの一種である。一次発酵だけで形作りをして，焼き上げる。柔らかい生地を成形するのは，粘土遊びのようで，好きな形を作って楽しむことができる。また，焼きあがったナンを食べることにより，自分の食べるものを自分で作ったという充足感が達成できる。栽培した野菜を用いるカレーづくりと連動させた活動としても楽しいだろう。

簡単ナンの作り方

材料：強力粉 210g，薄力粉 90g，ドライイースト 6g，ぬるま湯（30℃前後の湯）170cc，レモンの絞り汁 1/8 個分，打ち粉用の強力粉少々。

用具：ボウル，計量カップ，ふきん 2 枚，ラップ，ナイフ，フォーク，フライパン

図5－60　ナンの形は三角だよね

① レモン汁以外の材料を計量してボウルに入れ，ドライイーストを溶かしたぬるま湯を注ぎ，よく混ぜる。

② 生地が七分通り混ぜあがったら，レモン汁を加え，さらに生地を混ぜて，たたき，ひとつに丸める。

③ ボウルにラップをかけて，そのまま室温におく。寒い季節ならばこたつなど少し温度が高い場所

におく。

④ ナイフで生地を5等分し，丸める。

⑤ 丸めた生地の上にかたく絞ったぬれぶきんをかけてしばらく放置する。

⑥ 生地を5mmの厚さの楕円形にし，3～5分間放置する。

⑦ 生地の全体にフォークで空気穴をあけ，油をひかないフライパンで両面をこんがり焼く。

b　ヨーグルト

保育への導入：牛乳またはスキムミルクに乳酸菌を働かせて乳酸発酵させたヨーグルトは日常的な食べ物である。ヨーグルトはタンパク質，カルシウム，ビタミン類の栄養素を含む栄養価の高い食品であり，同時に腸内細菌の悪玉菌を減少させ，善玉菌を増やすという働きを持つ。手作りすることにより成長期の子どもたちにとって有用な食品への関心を深める。また，微生物の働きを利用してできる食品であり，温度に関係して作られることを知る機会となる。

簡単ヨーグルトの作り方

① 牛乳を沸騰寸前まで沸かし，30～45℃程度に冷ましてから，ヨーグルトを小量混ぜ，均一に混ざるようによく攪拌する。

② その後30～45℃程度に保ち，一晩置く。

③ その後冷蔵して保管する。

＊一番はじめは市販の菌を用いるのが確実である。また，植え継ぐことを繰り返すと，味が変化するため，数回程度にとどめた方がよい。

c　お餅

保育への導入：稲作の文化と関係しており，お正月に鏡餅を供えるなどハレの日の縁起物である。年末の餅つきは風物詩となっている。普通の角餅，丸餅は杵と臼で搗《つ》く搗き餅である。一方，端午の節句に食べる風習のある粽《ちまき》は米粉を湯で練って作る餅をササの葉で巻いたものである。餅つきを通して伝統的な年中行事を知り，活動する楽しみをもてるだろう。

もちつき

① もち米は研いでから8～12時間程度水につける。

図5－61　炊いたもち米で簡単もち搗《つ》き

② 浸したもち米を蒸し器で蒸す。

③ 蒸したもち米を杵と臼で米粒の形がなくなるまで搗《つ》く。

④ のしたり，丸めたりして形を作り，餡《あん》，きな粉，醤油などをつけて食べる。

＊「鏡餅」は神仏に供えるもので，正月あけに鏡開きをしてぜんざい（汁粉）などにして食べる。

2　栽培した果物を使った食べ物など

a　ジャム

保育への導入：実のなる丈の低い木を園庭に配置すると，花が終わった後の実に関する興味を育てる。自分で摘んで実を食べるのはワクワクする楽しみになる。ラズベリー，ブルーベリーなどのキイチゴ類，ユスラウメ，スグリ，クワ，ヤマモモなどの実は生食ができ，ジュースやジャム，ゼリーにも利用できる。ジャムは果物に保存をもたせ，各々の果物の特有の風味を伝えて，食を豊かにしてきた古くからの加工品であり，子どもに伝えたい味覚である。

即席イチゴジャムの作り方

① イチゴとその半分以上の重量の砂糖を用意する。

② イチゴを鍋に入れて中火にかける。砂糖は数回に分けて入れる。

③ 砂糖が溶けて水分が出てくるので，良くかき混ぜながら煮詰める。イチゴは好みでつぶしても良い。

④ レモン果汁を入れる。

⑤ 冷めると固まってくるので，水におとすと固まる程度のゆるめの状態で火からおろす。

⑥ 保存する場合は，冷めたら熱湯消毒したビンに詰めて冷蔵庫にいれ，早めに食べる。

＊ユスラウメなど多くの果物についても作り方は同じ。ただし，種の大きいものや多いものは粗めのざるで濾《こ》し，種を除く。

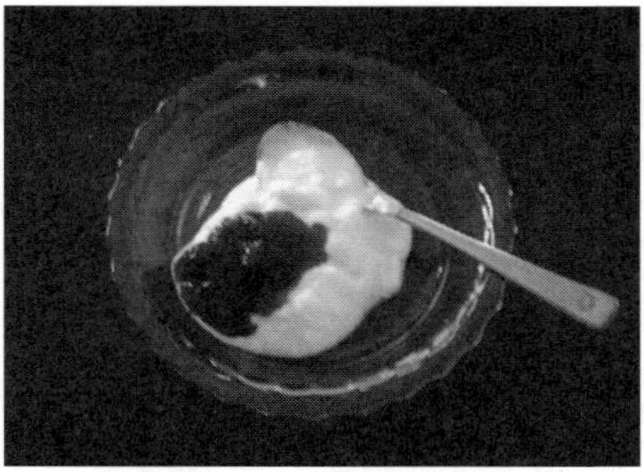

図5－62　ヨーグルトにユスラウメのジャム

b　みかんの皮のポプリ

保育への導入：みかんを食べるとき，皮を使って動物や草花に似せたみかんアートが遊びとして紹介されている。マジックを使ってみかんを生き物に見立てて皮をむいたり，描いたりして楽しむことに加えて，食べたあとは次の手順で香りを生かしたポプリを作ることができる。冬のおやつの代表であるみかんを材料として，実はおいしく食べ，廃棄する部分を有効利用する。

みかんの皮ポプリの作り方

① みかんの皮は細かくちぎって乾かす。

② 乾いたら，不織布の小袋に入れてリボンで口を結ぶ。

＊ペーパーカップに穴をあけ，乾いたみかんの皮を入れて，口を不織布などで覆い，カップの外に絵を描いたり，テープなどを貼り付けて飾りつけをする。

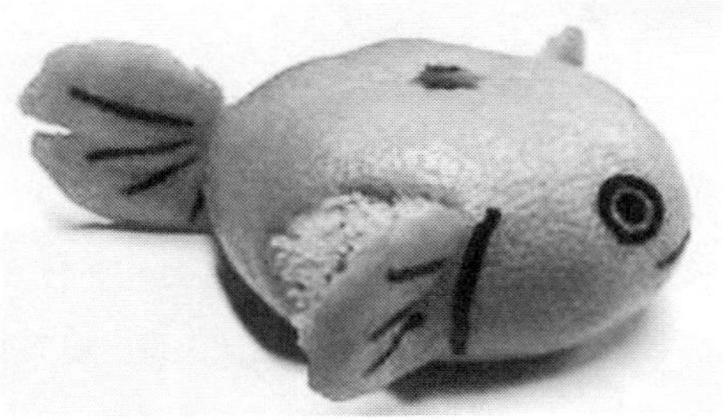

図5－63　みかんを見立てて，食べて，ポプリ作り

図5－64　干し柿

c　干し柿

保育への導入：干し柿は，渋柿をもとにして作られ，日の光を浴びてゆっくりと水分を抜いていくうちに渋味が抜けて甘くなる。日持ちしない果実を，菓子や保存食として有効利用する食文化の例である。

干し柿の作り方

① 柿の皮を厚めに剥く。そのとき紐をかけることができるように枝を少し残しておく。

② 縄や紐を柿の枝にまいて，熱湯に10秒間ほど通して消毒する。

③ 実同士がくっつかないように，風通し，日当たりの良い，雨のかからない軒下などで干す。

④ 1週間から10日して表面が乾いてきたら，親指と人差し指を使って周りから内の方へ揉む。

⑤ さらに1週間くらいしたら同じように揉む。2，3週間くらいで食べられるようになる。

4節　天候等

1　天候

真夏のある暑い日に突然激しく雷が鳴り，強い雨が降る中濡れるのも厭わずに遊びながら帰宅する子どもたちの姿がある。昔から「地震，雷，火事，親父」といわれるように，幼児にとって雷は今でも怖い自然現象である。しかし，最近では「親父」同様「雷」を怖がる子どもが少なくなっているような気がする。

「雷」だけでなく最近の子どもたちは自然現象について「無関心」なのか「無頓着」のように感じられる。

私たちは自然界の中で生活をしている。「どうして雨がふるの？」「雲はどこから来て，どこに行くの？」など，幼児にとって自然にはたくさんの疑問がある。このように「天気」や「天候」をとおして自然現象に興味を持ち「雨」「風」「雲」「雪」「雷」「台風」「虹」といった身近な現象に触れることにより自然の恵みや畏れを知ることが重要である。

天気は，雨の日もあれば晴れの日もある。「雨」は雲から降ってくるがこの雲はたくさんの雲粒が集まったものである。空中に浮かんだ雲粒がくっつきあって，重くなって雨粒となって落ちてくるのである。

「雷」については，雷光のことを「稲妻」や「稲光」と呼んでいる。昔は「雷」が鳴ると「雷様におへそを取られないように」というと子どもは腹をかかえたような姿勢でおへそを隠すしぐさをする。これは雷が来ると急に気温が下がり体が冷える恐れがあるのでお腹を出している子に布団をかけたり，腹巻をしたりしたことに由来している。今の子どもに「おへそを取られるぞ」といっても通じないどころか雷を怖がらなくなったような気がする。

「風」はその正体は空気の流れそのものである。幼児は風とかけっこをして体感している。風を背に走ると背中を押してくれるのでいつもより速く，楽に走ることができる。逆方向に走り始めると体の正面から風を感じることもある。このように幼児は体験を通して風向きや空気の存在を感じるのである。

風が強い日や雨が降ると外で遊ぶことができなくなったり，運動会が延期になったりしていやなところもあるが，私たちが生活に利用する水の多くは，降水により賄われる。降水不足は生活の制限や野菜の不作にもつながり，水の大切さやその必要性については体験を通して学ぶことが重要である。

2　太陽，月，星座

夏に沈む夕日を見て「太陽はどこにいくのかな？」秋の夜空を眺めて「なぜ月の形は変わるの？」というように幼児にとって宇宙は不思議な存在である。

地球をいつも暖かく照らしてくれる太陽は，太陽系の中心にある恒星の一つである。太陽を使った遊びの代表的なものに「影踏み遊び」がある。ルールは鬼ごっこと同じであり誰でも簡単に遊ぶことができる。幼稚園のバス待ちの合間に親子で遊ぶこともでき，寒い冬であれば少し遊んでも体が温まる。小学校に進むと午前と午後で影の向きが変わることに気付き，太陽の位置を学ぶことになる。

月は夜空に輝く天体の中で最も明るい天体である。時に三日月になったり，半月になったり，満月になったり，見えなくなったり刻々とその形を変えていく。このように月の満ち欠けや潮の満ち引きに関係することもあり，幼児にとっては月も不思議な存在である。暑い夏が一段落して夕方に涼しさが感じられてくると「お月見」がやってくる。最近の家庭では十五夜の晩にお月見をすることは少なくなっている。しかし幼稚園や保育所の行事で「お月見会」が開かれることがある。歌を歌ったり月見団子を作ってみんなで食べたりする。

星座は幼児にとって比較的身近な存在である。夏の夜空に視線を向けると夏の大三角が見られる。7月7日の夜9時頃，東の空でひときわ明るく輝く3つの星がある。一番高く昇り青白く輝くのが織姫星の「こと座のベガ」。天の川を隔てて右下よりに輝く白い星が彦星の「わし座のアルタイル」。天の川の中にある左より白い星は「はくちょう座のデネブ」。これら三つの星を結んだ三角形が夏の頭上の天の川の中に見ることができるのが「夏の大三角」であり夏の星座の目じるしになっている。また，冬の南の空に見られる「オリオン座」や北の空の目じるしにもなる春の「北斗七星」，秋の「カシオペア座」などがよく知られている。幼稚園や保育所の活動においても近くのプラネタリウム見学を通して宇宙や天体に親しむとよい。

3　二十四節気と季節行事

日本には四季をとおして私たちに美しい原風景を見せてくれる。春夏秋冬の四季だけではなく二十四の気という季節があり，旧暦をもとに生活していた時代はそうした季節の移ろいを細やかに感じながら暮らしていた。二十四節気とは，「1太陽年を太陽の黄道上の視位置によって24等分し，その分割点を含む日に季節を表す名称（節気）を付したもの」である（**表5―2**）。

暦の上では立春から立夏までが「春」，立夏から立秋までを「夏」，立秋から立冬までを「秋」，立冬から立春までを「冬」というように四分割されている。それぞれ季節の中日にはそれぞれ春分，夏至，秋分，冬至という節気があり二至二分といわれる。これらに立春，立夏，立秋，立冬の四立を加えた八つを合わせて八節ともいわれている。この八節の間にそれぞれ二つずつ節気が加わり合わせて二十四節気となる。

また桃の節句や端午の節句などの五節句や，節分，彼岸，八十八夜，入梅，土用などの雑節と呼ばれる季節の節目がある。これらは今の暮らしにも溶け込んでおり年中行事としてなじみの深いものが多い。

次は季節行事についてである。名古屋市内のN幼稚園では**表5－3**のように年間を通して季節に応じた行事を行う。

4月はサクラの花に包まれて始業式，入園式からスタートする。新入園児にとっては新しい世界へと導かれる。4月下旬には親子遠足があり，毎月1回行われる「誕生会」へと続いていく。また4月下旬には年長児の紫組の園児は「親と子のよろい作り」を幼稚園にて行う。保護者と一緒に桃や青色のカラフルな厚紙に星や花の絵を描いたり，シールを貼ったりしてよろいかぶとを完成させる。

5月は新緑の季節である。年長児の紫組は4月に完成した手作りの「よろい」と「かぶと」を身にまとい，幼稚園近くの名古屋城を練り歩く「武者行列」を行う。毎年「こどもの日」を前に「子どもが健やかにたくましく育つように」と同園にて実施している。

6月は衣替えからスタートする。6月4日から1週間は「歯の衛生週間」である。全園児が園歯科医師により歯科検診を行い歯の大切さを学ぶ。また，6月には第3日曜日の「父の日」を前にイベントを行う。保護者とリズム遊びやゲームをしたり，子どもが父親の似顔絵を描いてプレゼントしたりする。

7月は誕生会を兼ねて七夕会を行う。「七夕」は五節句の1つで「笹の節句」ともいわれる。園長先生より星座に関する素話を聞く。七夕の日は機織りの織姫と牛飼いの彦星が1年に一度だけ会うことのできる日である。園児たちはそ

図5―65　七夕会の様子

れぞれ「ピアノが上手になりますように」「サッカー選手になれますように」と願い事を短冊に書いて笹につるす（**図5―65**）。

8月は保育期間中の保育所と異なり幼稚園では夏休み期間である。この園では上旬に1週間ほど夏期保育を実施している。通常保育とは異なり全園児が登園するわけではないが，久しぶりに友だちとたくさん遊んで心身ともに解放される。また，中旬には年中児の黄組のお泊まり保育を三重県の野外幼児施設で行っている。一般的に年中児でのお泊り保育は多くないが，このときには系列のN保育専門学校の学生もボランティアとして同行し，活動に参加している。

9月は始業式からスタートする。9月といえば「十五夜」であり月が最も美しく見える日である。幼稚園，保育所においてお月見会を行う園はそう多くはないが，十五夜の月は「中秋の名月」と呼ばれ，月を愛でる良い機会である。

10月は運動会のシーズンである。子どもたちが日頃練習を積み重ねてきた成果を発揮する機会である。かけっこ，リレーといった競技やみんなで踊る遊戯や跳び箱，鉄棒といった体育演技などを行う。跳んだり，走ったり，踊ったりと自分たちが出場するときはもちろん頑張るが，友だちが出場するときも一生懸命声を出して応援する。また運動会の会場を彩る万国旗をとおして世界のいろいろな国や地域があることを知る機会にもなる。

11月は子どもフェスタが行われる。卒園児，在園児やその兄弟姉妹，保護者が参加し幼稚園においてさまざまな催し物に親子で参加して楽しむ。また移動動物園も行われさまざまな動物が幼稚園にやって来る。うさぎ，山羊，ペン

表5－2　二十四節気

節気	日付	節気	日付	節気	日付	節気	日付
立春	2月 4日	立夏	5月 5日	立秋	8月 7日	立冬	11月 7日
雨水	2月18日	小満	5月21日	処暑	8月23日	小雪	11月22日
啓蟄	3月 5日	芒種	6月 5日	白露	9月 7日	大雪	12月 7日
春分	3月20日	夏至	6月21日	秋分	9月23日	冬至	12月22日
清明	4月 4日	小暑	7月 7日	寒露	10月 8日	小寒	1月 5日
穀雨	4月20日	大暑	7月23日	霜降	10月23日	大寒	1月20日

表5－3　N幼稚園（名古屋市内）の年間行事

月	行　事　等
4月	入園式，始業式，親子遠足，親子のよろい作り（年長児）
5月	武者行列（年長児），保育参観，山のくらし（年長児）
6月	衣替え，避難訓練，歯科検診，父の日，プラネタリウム見学（年長児）
7月	七夕会，個人面談，終業式
8月	山のくらし（年中児），入園説明会
9月	始業式，山のくらし（年長児）
10月	いも掘り遠足，運動会，入園面接
11月	子どもフェスタ，移動動物園
12月	ゆうぎ会，もちつき，終業式
1月	始業式，凧揚げ，あそびの会（N保育専門学校）
2月	節分会（恵方巻作り），一日入園
3月	流しびな，お別れ遠足（ともに年長児），修了式（卒園式），終業式

ギン，赤ちゃんライオンなど動物の種類はさまざまである。園児だけでなく昼休みにはN保育専門学校の学生も動物と触れ合い，生き物を五感で感じることができる。

12月は「もちつき」を行う。日頃スーパーマーケットやお店で商品として並んでいる「もち」。どのようにして出来上がるのか知らない子どもたちが多い昨今，毎年，薪で火をたき，もち米をせいろで蒸し，臼と杵でつき，出来上がりまでの過程を話し合いながら，日本古来の伝統行事を体験する。年長児の紫組の園児は2人1組になって順番に杵で搗《つ》く。年中児の黄組，年少児の赤組の園児は，杵を搗くタイミングに合わせて「よいしょ」「よいしょ」と声をかけて応援する。「おもち」は雑煮やきな粉餅にして新しい年を元気に迎えられるよう全園児が給食で味わう。年長児の紫組は木の枝に紅白の花餅も飾り付ける。また，市民会館の大きなホールを利用して「ゆうぎかい」が行われる。これは保育所等の生活発表会にあたるものであり，その年を締めくくるビッグイベントである。

年が明けるとお正月である。「お正月」には年の初めという意味があり，「めでたい」は芽が出る，新しく生まれるということである。園児に正月の様子を尋ねると，「お年玉をたくさんもらってうれしかった」「家族とハワイに行ってたくさん遊んだ」と楽しそうに話している。また幼稚園ではこの時期に近くの公園に出かけて学年ごとに先生と一緒に作った凧を揚げて楽しむ。

2月は節分の行事として「節分会」と「恵方巻作り」を行う。園児たちは鬼にふんした職員らに「鬼は外，福は内」と元気よく豆まきした後，自分たちで恵方巻を作る。酢があらかじめつけられたのりと白米，具材のきゅうりや卵焼き，ソーセージを真剣な表情で巻きすを使って取り掛かる。完成すると今年の恵方である方角を向いて手作りの恵方巻を静かに食べる。

3月には「ひなまつり」に合わせて「流しびな」の行事を行う。これは園児の無病息災と幸せを願って年長児の紫組が行うものである。本来「流しびな」は本当の河川で行うべきであるが，ここでは子どもたちの安全に配慮して，都心を流れる人口川（名古屋市セントラルパーク，さかえ川）で行っている。子どもたちは発泡スチロールや竹などでひな人形を製作し，折り紙に「みんなとなかよく小学校にいけますように」「自転車に乗れますように」などと願い事を書いて一緒に川面に浮かべて手を合わせる。これが終わるとお別れ遠足，修了式を迎えて1年間の行事が終了する。

このように我が国には季節におけるさまざまな伝統行事や園行事がある。幼稚園教育要領（2017）環境の2　内容（6）「日常生活の中で，我が国や地域におけるさまざまな文化や伝統に親しむ」とあるように子どもが地域の様々な伝統行事やお祭りなどに積極的に喜んで参加することが重要である。現代においては核家族化の進行により地域とのかかわりがどうしても希薄になっている現状を踏まえて幼稚園や保育所等における伝統的な行事に参加することは子どもにとって貴重な体験となるはずである。

参考文献

板木利隆・岩瀬徹・川名興　校庭の作物　全国農村教育協会　1994

岩瀬徹・川名興　校庭の樹木　全国農村教育協会　1991

岩瀬徹・川名興・中村俊彦　新 校庭の雑草　全国農村教育協会　1998

加用文男監修　光れ！泥だんご　講談社　2001

坂口浩平監修　改訂版 むし(いきもののくらしとかいかたシリーズ1)　ひかりのくに　1997

下山紀夫・太田陽子　親子で読みたいお天気のはなし　東京堂出版　2009

白井明大文　有賀一広絵　日本の七十二候を楽しむ――旧暦のある暮らし　東邦出版　2012

田尻由美子　保育内容環境の指導における環境教育的視点について　精華女子短期大学紀要第28号　2002

たなかよしゆき文　のさかゆうさく絵　どろだんご　福音館書店　1989

筒井学指導／執筆　萩原清司・相馬正人・樋口幸男指導／監修　飼育と観察（小学館の図鑑NEO）　小学館　2005

永田桂子　増補 よい「おもちゃ」とはどんなもの　高文堂出版社　2000

中村伸子　いきいきわくわく園外保育（行事別保育のアイデアシリーズ６）　フレーベル館　2005

長谷川康男監修　楽しく遊ぶ学ぶ きせつの図鑑（小学館の子ども図鑑 プレNEO）　小学館　2007

日高敏隆監修　改訂版 ちいさないきもの（いきもののくらしとかいかたシリーズ２）　ひかりのくに　1997

藤井旭　星座の神話がわかる本　誠文堂新光社　2007

降旗信一　校内でできるネイチャーゲーム（自然とあそぼう４）　ポプラ社　1999

降旗信一　公園でできるネイチャーゲーム（自然とあそぼう５）　ポプラ社　1999

ミミズくらぶ文／構成　皆越ようせい写真　ずかん 落ち葉の下の生きものとそのなかま　技術評論社　2013

横山洋子・中島千恵子　保育に生かせる！ 年中行事・園行事 ことばかけの本　学研教育出版　2014

6章 保育の実際

1節 0歳児の保育

2017（平成29）年告示の新・保育所保育指針では，乳児保育にかかわるねらい及び内容で３つの視点が示された。その中で「身近なものと関わり感性が育つ」は主に旧保育所保育指針の「表現」「環境」の領域で示している保育内容との連続性を意識しながら，保育のねらい・内容等について整理されている。しかし，乳児の保育内容を見ると，当然５領域すべてにまたがっているため，総合的に保育が営まれるという視点を忘れてはならない。それを踏まえた上で，「身近なものと関わり感性が育つ」という視点から，実際の保育を見ていきたい。

a　活動のねらい

① 身近な環境に興味をもち，意欲的にかかわろうとする。

② 身体や手・指を使って遊ぶことを楽しむ。

b　子どもの姿と保育者の願い

0歳児は自分でしたいという意欲をもち，物への興味も広がり，確かめてみようとする行動も多く，それらが発達の原動力となる。「身近なものと関わり感性が育つ」という視点からも，その原動力を十分に引き出すことが求められる。その延長線上に，発達年齢に必要な運動発達がある。

0歳児の特徴として月齢によって，発達の差が顕著であり，さらに，個人差も大きいことに注意する必要がある。そのため，それぞれの月齢差・個人差によっても活動が大きく異なってくるので，基本的に子ども一人一人に合わせた援助が必要となる。例えば，天気の良い日の場合，月齢の高い子どもは園庭に出る，月齢の低い子は午前睡をし，その後はテラスで遊ぶなど，同じ0歳児クラスにいても活動が異なることが自然である。同様に室内遊びにおいても，同じような環境に見えても，それぞれの発達に合わせた環境が整っていることが望ましい。それらを実施するためには，保育者が発達段階をしっかりと理解した上で，個人差や性格などを総合的に判断し，何が必要であるかを選択していく必要性があり，そこに保育者の専門性が発揮されると言える。

c　展開案

表6－1　展開案参照

d　実践記録

① 日時：9月6日9時30分から10時

② 場所：0歳児保育室

③ 参加児：(良子6ヵ月，悟9ヵ月，歩美11ヵ月，淳1歳2ヵ月)

④ 環境の構成図：**図6－1**参照

朝のおやつを食べ，オムツ替えを終えた4人の子どもたちは，それぞれ遊び始める。

(1) 良子 (6ヵ月)：布製のボールに興味を示す

6ヵ月を過ぎると，腹ばいや仰向けの姿勢で，両手を使って遊べるようになってくる。良子もお腹が満たされ，機嫌も良く，クッション性のあるマットの敷かれたコーナーに仰向けになって手足を動かしている。保育者が吊り玩具 (**写真①**〈**図6－1**，p.145，以下同〉) を置くと，少しの間，その玩具を見ている。手と足を動かすと，その度におもちゃが揺れ，音が鳴る。それがおもしろいようで，何度も繰り返して遊んでいる。

しばらくして，寝返りをし，腹ばいになり，周りを見渡すと，床の上に置いてある布製のボール (**写真②**) を見付け，それを手に取ろうと試みる。体を左に旋回させ，前方に進もうとするが，上手く進めない。まだ，這《は》い這《は》いが上手くできない段階なのである。良子は上手く進めないことに苛立ち，ぐずっている。それに気付いた保育者は，さりげなく，良子の手が届くか届かないかの距離にその布製のボールを置いてみる。すると，良子が再度興味を示し，手と足に力を入れて懸命に前に進もうとし，ついに布製のボールを手にすることができた。保育者に「よかったね」「嬉しいね」と声をかけてもらい，満足そうに，そのボールをもてあそんでいる。保育者が，その布製のボールを握ると「プッ」と音が鳴り，良子も嬉しそうに笑顔を見せ，さらに，興味を強めた様子でボールを触っている。

⑵ 悟（9ヵ月）：トンネルくぐりや転がる玩具を追いかける

悟は良子に比べると，ずり這《ば》いから，お腹を持ち上げて四つ這《ば》いで進むことが可能になってきている。さらに，つかまり座りから一人で座れるようになってきており，座った姿勢で両手を使う事も上手になってきている。トンネル（**写真③**）をくぐることが好きな悟は，オムツを替えてもらうと，早速トンネルに向かっていく。トンネルの中を這《は》い這《は》いでくぐっているが，ふと，保育者が見えないことに気付き，「ウエェッ，ウエェッ」と今にも泣き出しそうな表情で声を出して，保育者を求めて呼んでいる。「大丈夫だよ，悟君」「寂しくなっちゃったの？」と保育者から声をかけてもらい，保育者の顔を見ると安心したようで笑顔が戻る。保育者が中に鈴が入った転がる玩具（**写真④**）を見せて，「それ～」と言って転がすと，それを追いかけて這《は》い這《は》いで取りに行く。玩具を手に取ると，座って玩具を振り，中の鈴が鳴るのを楽しんだり，舐《な》めたりすることによって玩具そのものを確かめているようである。

⑶ 歩美（11ヵ月）：動くのはちょっと苦手……でも先生と一緒なら楽しめる

歩美はつかまり立ちができるようになってきているが，どちらかというとじっと座って遊ぶことが好きである。特に，ホースを穴に入れる玩具（**写真⑤**）が好きで，上手にホースをつまんでいる。全て入れてしまうと，そ

表6―1　展開案

9月6日　0歳児　4名（男児2名　女児2名）			
時間	環境の構成	予想される子どもの姿	保育者の援助
登園 8:30～9:00	（子どもたちが登園する前にしておくこと） ・前日に消毒や洗濯しておいた玩具を取り込む。 ・子どもの興味や発達に合わせて玩具を入れ替える。 ・保育室の窓を開け，新鮮な空気を入れる。	・抱っこされて登園して来る。 ・機嫌の悪い子や保護者と別れることができない子がいる。 ・保護者と別れて落ち着いた子は，保育者に見守られながら自分の興味のある玩具で遊ぶ。	・「おはよう」と笑顔で挨拶をし，優しく迎え入れる。 ・体調や機嫌など視診をし，保護者と話をしながら情報共有をする。 ・子どもの名前を呼びながら抱いて受け入れる。 ・子どもに語りかけたりスキンシップをしながら，保護者との別れが無理なくできるようにしたり，安心して過ごせるようにする。
朝のおやつ 9:00	・おやつの準備をする(机，椅子，エプロン，おしぼり，おやつ)。 ・子どもの体に合わせて正しい姿勢で食べられるように調整する。 ・机や椅子，床などを清潔にする。	・自分から食べようとする子もいる。 ・気に入らないものは口から出してしまう。 ・食べ物を手で握ったり，机の上で伸ばしたり，遊び食べをする子がいる。	・子どもの食べようとする意欲を大切にしながら，補助スプーンを使用し，必要量食べられるようにする。 ・声をかけたり，食材の大きさを調整したりしながら楽しんで食べられるようにする。 ・状況に応じて，切り上げる。
オムツ替え、遊び 9:30～10:00	・オムツマットを用意する。 ・子どもの目の高さを中心に，自分たちで取り出して遊べるように配置しておく。 ・ベッドと布団を用意する。 ・おもちゃを踏んで怪我をしないように，必要に応じて片付ける。	・オムツ替えを嫌がる子もいる。 ・保育者のわらべうたや手遊びを，一緒に手足や身体を動かしながら遊ぶ。 ・月齢の低い子は午前睡眠をする。 ・興味のある玩具を見付けて遊ぶなど，探索活動を楽しむ。	・子どもに語りかけ，オムツが綺麗になった気持ちよさを共感する。 ・子どもの興味や発達に合わせた触れ合い遊びや手遊びなど，反応を見ながらしていく。 ・体をトントンしたり，子守歌を歌ったり，子どもが安心して眠れるようにする。 ・楽しさを共感したり，一緒に遊んだりして，子どもが安心してのびのびと活動できるようにする。

の箱を振り，保育者に「もう1回やりたいよ」と訴えているようである。保育者が「どうぞ」と言って，ホースを出してあげると，再びホースをつまんで穴に入れるのを楽しんでいる。保育者が柔らかい素材でできた低い階段とすべり台（**写真⑥**）に誘うが，歩美はあまり乗り気ではない。保育者に抱っこされてすべり台を何度か滑らしてもらうと嬉しそうに手を叩い

ている。そして，階段の高さを足ではかりながら自分からのぼろうとしている。のぼることができ，保育者が「歩美ちゃん，のぼれたね，すごいね」と声をかける。すべり台の方に向かうが，少し怖いようで躊躇《ちゅうちょ》している。再度，保育者が体を支えながら「シューン」と言って滑らせ，保育者に「楽しいね」「おもしろいね」と声をかけてもらうと，嬉しそうに手を叩く。

⑷ 淳（1歳2ヵ月）：何にでも興味をもつ

淳は伝い歩きから，2，3歩ではあるが歩くことができるようになってきている。室内の仕切りをもち，伝い歩きをし，目に入った玩具を手に取って動かしては床に落とすという遊びを楽しんでいる。途中，保育者が積み木を積んで遊んでいる姿を見付けると，座り込み，保育者と同じように積み木を積もうとする。積むことができ，保育者から「できたね」「嬉しいね」と共感してもらうと嬉しそうにしている。

e　考察

⑴ 良子の場合

良子はまだ上手く這《は》い這《は》いができない段階ではあるが，寝返りができるようになり，動きも活発になりつつある。吊り玩具を置くことで，それに興味をもち，自ら手足を動かして音を鳴らしたり，揺らしたりして意欲的にかかわる姿が引き出されている。また，布製のボールを見付けて，「あれは何だろう」と興味をもつことで取りに行こうとしているが，上手く進めないことに挫けてしまった。そこで，保育者は良子に布製のボールを渡すのではなく，少し手が届かない所に置いた。これは，良子が「手を伸ばせば届きそうだ」と思えるような距離であり，意欲を引き出す援助なのである。また，0歳児はおもちゃを舐《な》めることも多いため，おもちゃを清潔に保つことや飲み込む危険が無い大きさのおもちゃを用意するなどの注意も必要である。

⑵ 悟の場合

この時期は四つ這《ば》いへの移行であり，おもちゃを追いかけるなどして，子ど

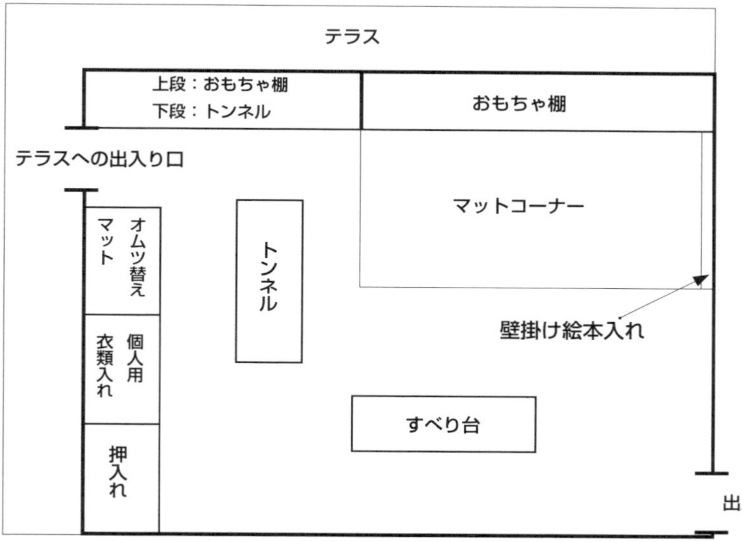

①吊り玩具

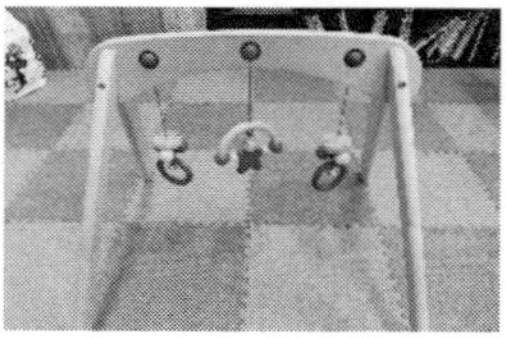

②布製のボール

③トンネル

④鈴が入った転がる玩具

⑤ホースを穴に入れる玩具

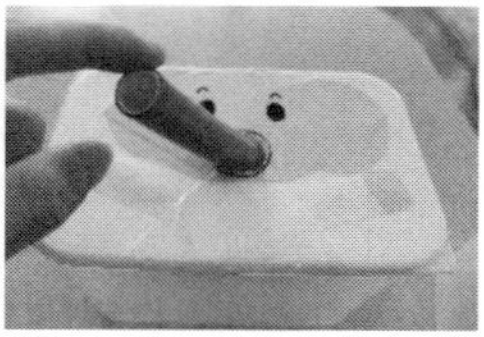

⑥階段とすべり台

図６－１　環境の構成図（上）とおもちゃの写真

もの意欲を大切にしながら，這《は》い這《は》いを経験できるように鈴の入ったおもちゃを上手く活用していることが分かる。自分の興味のある遊びをしているが，ふと不安になってしまうこともある。不安になっても，「先生がいるから大丈夫」「見ていてくれる」というように，保育者が安全基地となることで，安心して自分の興味のある遊びをし，のびのびと探索活動ができる原動力になっていることが分かる。

(3) 歩美の場合

この時期になると，親指と人差し指で指の腹を使って小さなものをつまむことができるようになる。ホースを穴に入れるおもちゃで遊ぶことによって，それらが繰り返し経験できるように配慮されていることが分かる。

また，苦手な運動も保育者と一緒にすることで「楽しい」と思えるようなきっかけを作り，そして，保育者に声をかけてもらったり，褒めてもらったり，支えてもらったりすることで子どもの意欲を引き出し，必要な運動経験につながっていることが読み取れる。

(4) 淳の場合

つかまり歩きと2，3歩の歩行ができるようになり，今まで見えなかったものや手の届かなかったものに手が届くようになる。動くことの楽しさを味わっているようにも見える。ここでは，しっかりつかまり歩きができるようにつかまる場所があること，落としても壊れたり，怪我をしたりする心配のない安全なおもちゃが用意されていることにより，探索活動が保障されていることが分かる。また，保育者が積み木を積み楽しそうに遊んでいるモデルを見せることで，淳の興味が積み木に向き，できた時に認めてもらったり，共感してもらったりすることで，さらに保育者との関係が豊かになり，意欲も満たされていることが分かる。

f　まとめ

子どもが自らかかわろうとする意欲を大切にし，時には引き出し，十分に満たしていくようにするためには，発達段階の理解とそれに対する援助方法という知識だけでなく，子どもの性格や機嫌などを読み取り，見通しをもちながらその子の興味に合わせた遊びや援助ができるという実践知と援助力が必要なのである。それに加えて，どのタイミングでどのような援助をするのかという判断が適切に行われたり，その子の行動に気付き，意味づけたりすることが保育者の専門性といえる。

しかし，それだけでは十分ではない。この実践の節々に保育者が子どもに注ぐ愛情，子どもが保育者にもつ信頼感や愛着などが読み取れる。0歳児は十分に言葉のやりとりはできないが，言葉以上に保育者のしぐさや表情，雰囲気などさまざまな面から感じ取り，それを糧に発達していく。保育者は子どもにとっては影響の大きい「人的環境」なのである。「あなたのことを見ているよ」「大好きだよ」というまなざしや言葉，しぐさなどをとおして子どもに伝えることで，安定した土台が築かれる。それが十分に保障されることにより，「見る，触れる，探索するなど，身近な環境に自らかかわろうとする」という周りに興味・関心をもつことができるようになる。そして，それらの子どもの行動に対して，応答したり意味づけたりする保育者や大人たちの存在があるからこそ，生活や遊びが発展し，意味のあるものになるのであり，物的環境を整えるだけでは意味をなさないことを忘れてはならない。

g　援助のポイント

(1) 各月齢の発達段階に合わせた玩具は何があるのかを考える。

例えば，物を親指，人指し指，中指でつまむことができるようになる段階では，缶の中から布を引き出す玩具やマジックテープを利用した，貼ったり，剥がしたりを楽しめる玩具を準備するなどが考えられるだろう。

(2) 子どもの「やってみたい」「なんだろう」という興味・関心を引き出すにはどのような援助（環境や玩具の提供の仕方など）が考えられるだろうか。

例えば，0歳児の視線は低いので，0歳児の視線から見て，子どもの目にとまりやすいような棚に玩具を並べておくことや，実際に保育者が楽しそうに遊ぶ姿を見せる，子どもの発見や気持ちにしっかり応答することなどが考えられるだろう。

2節　1歳児の保育：室内でのおもちゃ遊び

a　活動のねらい

一人一人がしたい遊びをゆったりと楽しむ。

b　子どもの姿と保育者の願い

1歳児の姿は一人一人の発達の差が大きい。そのため，友だちと一緒に遊びを楽しむというよりも，友だちも身近にいる環境の中で，その友だちの存在を確かに感じながら，保育者と一緒にそれぞれのペースで遊びを楽しむ姿が多く見られる時期である。発達の個人差では，歩行であれば，独り立ちをして歩き始め，1歳6ヵ月頃には歩行が完成していく。手指については，2～3個程度積み木を積める段階から指先の機能が分化し，自分が思うようにつまむ，引っ張る，貼る，はがす等の細やかな動きが可能となり，少し重量のあるおもちゃももって移動するなど，自分の思うように力を込められるようになる。言葉の面では，意味のある言葉を発するようになる1語文の段階から,「りんご／ちょうだい」といった2語文が話せる段階と個人差が大きい。なお，このような発達の個人差が幅広い分,「やれることが徐々に増えていく」という過程の中でどの子どもも好奇心が高まり，探索行動も活発になっていく。さらに，遊びの経験や触れ合う環境が増えることによって，それを取り入れた模倣行動が展開されていく時期といえる。

c　展開案

表6－2　展開案参照

d　実践記録

事例1　ままごと遊び～先生，ジュースをどうぞ～8月29日（火）

登園してきた子どもが，おままごとコーナーに一人，また一人と集まってきた。机の上にフライパンを載せ，チェーンのおもちゃをフライ返しを使って炒めている瑠璃，スプーンでお皿の中をすくっている加奈，保育者の膝の上に座っている琳乃，みんなの様子を畳棚にもたれかかって見ている遙斗。そこへコップを両手にもった果穂がやってきた。果穂が「ハイ，アンチャンショ」とコップを机に置くと，保育者は「ありがとう，お茶にしよう」と笑顔でそのコップを受け取り，「どうぞーだって」と言いながら琳乃にお茶を飲ませる真似をする。果穂も「ドウジョー」と言いながら，その様子を見守っている。「おいしかったねー」と琳乃の代わりに感想を伝える保育者に，「しぇんしぇ(は)？」と果穂が尋ね，保育者は「じゃあ先生はこのコップに入れてね」と青いコップを手渡す。「じゅしゅ？」との果穂の問いに「じゃあジュースをお願いします」と保育者が伝えると，流し台までジュースを入れに行き，「はい，どぞ」とコップをもって戻ってくる。「いただきます，あ！　おいしいジュースだね」と笑顔で保育者が受け取った。琳乃もそのコップを飲む真似をし，瑠璃も「ジュシュー！」と立ち上がってコップを探しに行き，流し台で飲み物を入れる真似をしている。果穂は瑠璃のフライパンからチェーンリングを取り出し，自分の皿に盛り付けるとスプーンで食べる真似を始めた。琳乃も同じようにお皿とスプーンを手に取りながら保育者の膝を降り，遊び始める。遙斗も両手にコップをもち，保育者と琳乃のそばにやってくる。人形棚の後ろから，「クク，無い」と果穂が声をあげる。「お靴が無いの？　どこにあるかなあ？誰がはいてるのかなあ？」と保育者が一緒に探す。琳乃とＩＨコンロで炒め物を始めた瑠璃も人形棚をのぞき込んでいる。靴が見付かると琳乃も瑠璃もまた自分の遊びに戻っていった。

【……朝のおやつ……】

事例２　ままごと遊び～赤ちゃんにご飯をあげよう～

おやつの後，再びままごと遊びが始まった。机の上には，先ほど果穂が遊ぼうとしていた人形が５体座って置かれている。果穂は風呂敷で作った抱っこ袋に人形を入れ，首にかけながらご飯を作っている。琳乃も人形を片手で抱きしめながら，お皿にご飯に見立てたリングを入れ，瑠璃もひと回り小さいチェーンリングを皿に入れて食べる真似をしている。フライパンでご飯を炒めた香里は，フライパンを机に移動し保育者と一緒にチェーンリングを皿に移している。哺乳瓶でミルクを人形に飲ませた後，人形と皿を見比べ「スプンちょうだい」と保育者に言う。「はいどうぞ」と保育者がスプーンのたくさん入ったかごを渡すとその中から気に入った色のスプーンを選び，人形にスプーンを使ってご飯をあげるがすぐに手を止めてしまった。保育者が「先生もあげようかな」と人形を横抱きにし，哺乳瓶でミルクをあげ始める。「香里ちゃんの赤ちゃんは？」と保育者が尋ねると香里も笑顔でもう一度ミルクをあげ始める。「赤ちゃんにもう少し飲ませてあげる？　お腹いっぱいなのかな？　じゃあご飯をあげよう」との保育者の提案に香里も「アーン」と言いながら，人形にご飯をスプーンで何度も食べさせていた。「瑠璃ちゃんのところの赤ちゃんもご飯を食べる？」と保育者が話しかけると瑠璃もうなずき人形の口元へスプーンを移動させる。保育者と香里が机から離れた後，佳春と，3人のやりとりを見ていた果穂がやってきて，先ほどの保育者の言葉がけを真似ながら「飲む？　いっぱい？」と人形にミルクをあげ，「アーン」とご飯をあげながら自分の口をモグモグと動かし，食べる真似をしながら遊びが続いていった。

e　考察

ある日の1歳児のままごと遊びをとらえた上記の事例は，おやつの時間を挟んで展開されていった。ここでは，そのおやつの前後の遊びの姿に分けて考察をしていく。

事例1：ままごと遊び～先生，ジュースをどうぞ～

登園してきたばかりの子どもは，すぐに遊び始める子ども，様子を見ている子どもなどさまざまである。保育者の膝に座っていない子どもも保育者のすぐそばにある机の上にコップやフライパンをもってきて保育者の顔が見える位置で遊んでいる。まずは一人一人が安心して遊び始められるようそばで

表6－2　展開案

8月　1歳児　7名（男児2名　女児5名）　ままごと遊び			
時間	環境の構成	予想される子どもの姿	保育者の援助
7：15	デイリープログラムに沿った活動		
9：00	・遊びを個々のペースで始められるよう，様子を見守る ・転倒しないよう足元のおもちゃを除き安全を確保する ・身体をのびのびと動かして遊べる場所をつくっておく ・取りやすいようおもちゃを整理しておき興味に合わせて増やす	・食べ物を炒めたりコップに飲み物を入れようとしたりする ・両手にたくさんのままごと道具を抱いたまま室内を歩く ・マットコーナーで転がり，またままごとを始める ・友だちのもっているままごと道具と同じものを探し，遊ぶ	・発する語や動きをとらえ，見立てに共感し思いを保育者が言葉にし表現する ・戻ってきたら「おかえりなさい」と声をかけ，遊びのイメージを広げる ・ままごと道具をもったままマットで転がらないようにする ・友だちのものを取ってしまう場合は，言葉でも伝えながら同じ道具のある場所を教えたり，保育者が手渡したりする
9：30	お　や　つ		
10：00	・遊びがより一層活発になると見通し，安全を確保する ・子どもが安心して遊べる雰囲気をつくれるよう，笑顔で優しく応えるようにする	・スプーンですくって食べる真似や，飲み物を飲む真似をする ・フライパンを手に取って動かす ・エプロンを探し，自分で身に付けようとする	・おやつを再現している姿などを受け止め，「おいしかったね」と声をかける ・チェーンリングをフライパンに載せ，保育者が炒めたり，炊飯器からご飯をよそったりしてイメージを膨らませるようにする ・危険がない限りは見守る

温かく見守る安全基地としての保育者の存在が必須といえる。信頼できる保育者の存在によって，安定し好奇心を発揮しながらさまざまな探索活動にもつながっていく。なかには，ただお皿を全て抱いて移動するだけ，おもちゃを全部かごから出すだけといった姿もあるが，そうした活動が子どもの豊かな感性を育てる機会になっていることを心に留めなくてはならない。また，ままごと道具も一人一人が遊び始める際に好きなものを手に取れるよう，子どもに見えるように低い棚に並べておき，十分な数を揃えている。その環境は，まだまだ友だちとイメージを共有したり，言葉で伝えたりできない1歳児にとって，不安なく遊べたり，かみつきなどのトラブルを回避したりできる環

図6－2　先生のコップに入れてね

境となる。仕切りやカーペットを使って遊びごとのコーナーを作っていくことも落ち着いてゆったり遊びを楽しめるきっかけとなっていく。このように，遊ぶ楽しさを知った子どものためにまずは安全を確保することも重要といえる。さらに，1歳児クラスになって5ヵ月経ち，クラスの子どものほとんどが日々給食を完食し，お茶も飲み，おやつについても食感に違和感（ケーキなど口内でモサモサするもの）のあるもの以外は喜んで食べられるようになってきた。こうした日々の経験がままごと遊びの中にも反映され，模倣遊びが見られる。事例1では，コップの飲み物を保育者にあげようとする果穂の姿があった。登園して遊び始めたばかりの子どもにとって，コップに飲み物を入れる，人に渡す，飲み干す，「おいしい」と言ってもらえるという一連の遊びの内容は，多くの子どもがすでに園生活の給食やおやつで経験していることであり，それによって無意識にも遊びを共有しているという感覚が生まれたともいえる。人形の靴を果穂と保育者が探す際に，自然と集まってきた瑠璃と琳乃の姿からも，遊び自体は個々で成立していても，友だちや保育者の姿を意識しながら過ごしていることが伝わってくるのだ。さらに，「はい，アンチャンショ」の言葉の意味を，保育者がその動作と言葉のニュアンスから「お茶にしよう」と文章にして繰り返したり，果穂が置いたコップを琳乃に飲ませる真似をしながら「どうぞーだって」と保育者が声をかけると，その後果穂も「ドウジョー」と言えるようになったりしていた。保育者の応答的なかかわりによって子どもの遊びのイメージがより明確になり，また，行動と言葉が一致していくことで遊びがより豊かなものになっていくことが分かるといえるだろう。

事例2：ままごと遊び～赤ちゃんにご飯をあげよう～

おやつ開始直前までの遊びの中で，赤ちゃん人形への関心を示した。その

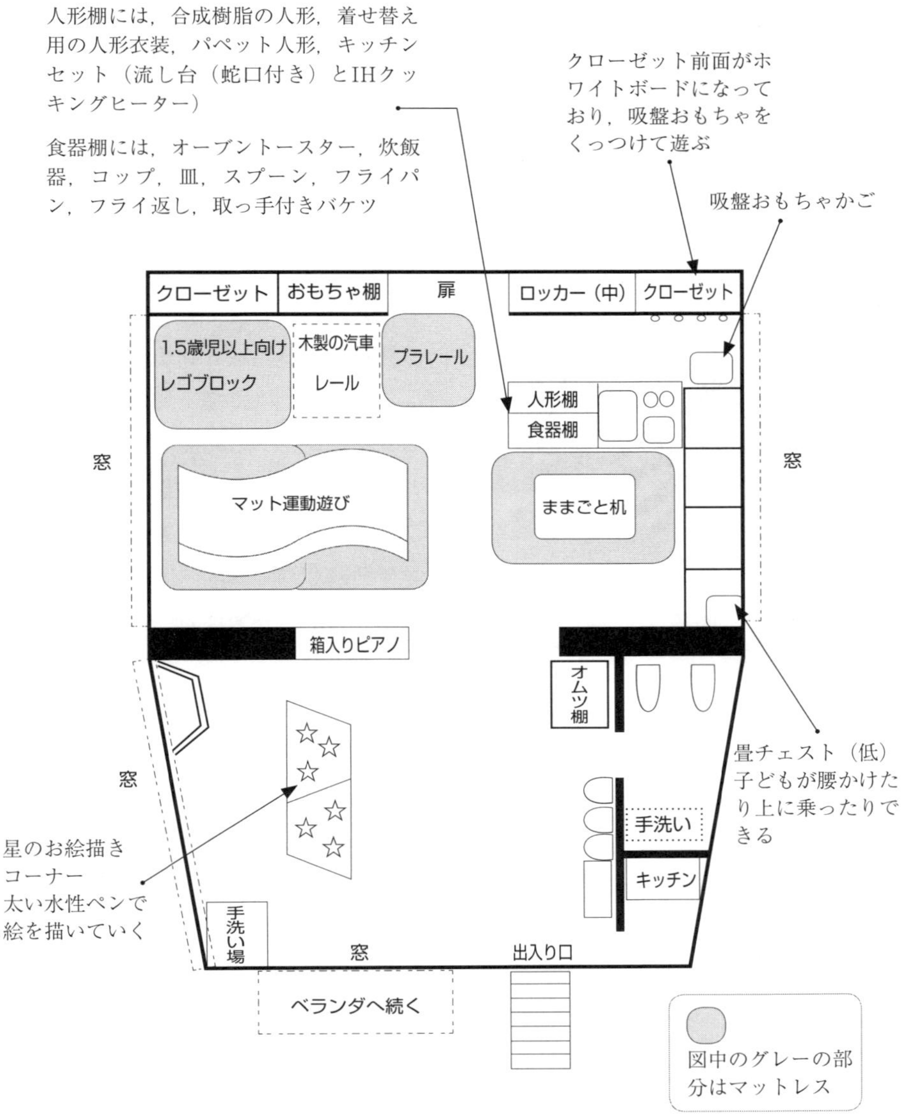
人形棚には，合成樹脂の人形，着せ替え用の人形衣装，パペット人形，キッチンセット（流し台（蛇口付き）とIHクッキングヒーター）
食器棚には，オーブントースター，炊飯器，コップ，皿，スプーン，フライパン，フライ返し，取っ手付きバケツ
クローゼット前面がホワイトボードになっており，吸盤おもちゃをくっつけて遊ぶ
吸盤おもちゃかご
クローゼット
おもちゃ棚
扉
ロッカー（中）
クローゼット
1.5歳児以上向けレゴブロック
木製の汽車レール
プラレール
人形棚
食器棚
窓
窓
マット運動遊び
ままごと机
箱入りピアノ
オムツ棚
窓
畳チェスト（低）子どもが腰かけたり上に乗ったりできる
星のお絵描きコーナー
太い水性ペンで絵を描いていく
手洗い
キッチン
手洗い場
窓
出入り口
ベランダへ続く
図中のグレーの部分はマットレス

図6－3　環境の構成図

図6－4　ご飯をあげよう

図6－5　飲む？　いっぱい？

様子を把握していた保育者が，おやつ後のままごとコーナーの机上に赤ちゃん人形を５体並べて置いておくと，さっそく人形を使った模倣遊びが開始された。このように，子どもの関心に合わせて環境を再構成していくことによって，子どもの発想力が刺激され，より活発な遊びへとつながっていく。そして，先ほどまで食べていたおやつの経験も遊びに取り込まれ，事例２では，飲み物だけでなくご飯を人形に食べさせる行為へと発展していく。直近の経験であるからこそ複数名の子どもに同時にイメージが共有され，どの子も自発的に遊び始めている。ただし，体力，集中力，想像力がまだまだ未発達であるがゆえに，一つの遊びが長く続かないことも低年齢児の一つの姿である。そのため，遊びの環境の構成として静的と動的な遊びのコーナーを設置することと，想像を膨らませる保育者の援助が必要となる。まず，環境の構成については，ままごとやブロック遊びが静的な遊びであるならば，身体を動かせる動的な遊びコーナーが必要となる。１歳児では徐々に歩く，走るだけでなく，潜り込む，よじ登る，隠れるなどの動的な動きが活発となり，このクラスではマットの下にソフトブロックを入れてなだらかな坂を作ったマットコーナーが作られている。１歳児後半の子どもが遊ぶ際には，坂を２ヵ所設けるなど子どもの発達に合わせて設定していく。ままごとを楽しんでいる子どもも，ふと手を止めてマットの坂をよじ登ってはままごと遊びに戻ってくる。このように静的動的な遊びのコーナーを分けることによって，それぞれの遊びがより充実していくといえる。また，実物とは異なる他のものを代用していく見立て遊びが活発となるため，サイズと色の異なるチェーンリングを沢山用意し，フライパンで炒める際の音も楽しみながら想像力が膨らむよう環境を整えていく。１歳児前半の子どもの場合はすぐにイメージが持てるよう，既成のパスタや野菜といったままごと道具を用いるが，そうしたままごと道具はお皿に載せたり，切ったりすることで遊びが完結してしまい，遊びが展開しにくい。そのため，１歳児後半の子どもは自由なイメージを持って遊びを広げられるような見立て用の素材を用いて環境作りをしていくことが大切となる。チェーンリングだけでなく，カットしたホースやフェルト，毛糸，木製・プラスチック製の大きなビーズなど視覚的，触覚的，聴覚的にも楽しめるような素材を誤飲などのないよう安全面と衛生面に留意しながら再構成していくことも必要といえる。次に，想像を膨らませる保育者の援助については，事例２の中で遊びが中断した香里に対し，保育者自身が人形を手にとってミルクやご飯をあげることを実践し，遊びの楽しさや遊びの展開のイメージが持てるように援助していた。それによって香里の遊びが再開され，それを見ていた周りの子どもにも変化を与えていった。また，「香里ちゃんの赤ちゃんは？」という言葉がけは，所有意識の芽生えてきた子どもにとって居心地のよさを与えるだけでなく，人形への愛着が増し，ものを大切にしようとする意識にもつながる。さらに，「もう少し飲ませてあげる？お腹一杯なのかな？」といった問いかけは，１歳児自身が乳児の頃から授乳・食事の際に掛けられてきた言葉であり，イメージが広がる言葉であるとともに，感覚としての数量を身につけるきっかけともなる。「幼児期の終わりまでに育ってほしい姿」の１つにも「数量や図形，標識や文字などへの関心・感覚」があげられており，低年齢児でのこうした遊びの中での経験の積み重ねが幼児期の育ちにつながる。保育者は自身のかかわりが子どもに与える影響の大きさを意識しながら遊びを先導しすぎないよう配慮し，１歳児が遊びを計画的に保障していくことが求められる。

１歳児は，生まれてからまだ１年しか経っていない子どもである。しかしながら，1歳からの1年の間でできるようになることは多岐に渡り，自ら育とうとする子どもの力強さを感じる時期でもある。幼い生命の保持と情緒の安定を支える養護の視点を大切にしながらも，自ら育とうとする子を育てていることを心に留め，自我がより一層育つ2歳児の保育へとつなげていくことが大切といえるだろう。

3節　2歳児の保育：砂遊び

a　活動のねらい

① 砂や水，どろんこなどの感触を楽しむ。

② 保育者や友だちとのことばのやりとりを楽しむ。

③ 花や草などの自然物に触れて遊ぶ。

b　子どもの姿と保育者の願い

心も身体も乳児から幼児へと移行していくのが2歳児である。

歩いたり，走ったりする基本的な運動機能が発達して自分の意思で行きたい場所に自由に行けるようになり，手指の機能の発達もバランスがとれてくる。また，発声も明瞭になり言葉が増えてきて，自分の意志や欲求を言葉で表現できるようになるので，簡単な会話を楽しみながら，ごっこ遊びができるようになっている。

保育者は，一人一人の子どもが自分でしようとする気持ちを尊重し，温かく見守りながら愛情豊かに応答的にかかわることが必要である。

子どもは，砂遊びやどろんこ遊びが大好きである。天気のよい日は，毎日のように砂場でバケツやコップを持ってきて，砂を入れたり型抜きをしたりして遊ぶ。ペットボトルに水を入れてジュースに見立てて遊んだり，2，3人の友だちとままごと遊びをしたりする姿も見られる。また，保育者といっしょに砂を掘ったり山を作ったりする子もいて，一人一人が砂の感触を楽しんでいるようである。

砂場の周りには，植木が植わっていたり，プランターの花があったりするのでままごと遊びに葉っぱや木の枝を使って遊びが広がる様子も見られる。

c　展開案

表6－3　展開案参照

d　実践記録

Ａ保育者は子どもたちが靴を履いた後，テラスに座らせて，「今から砂場で砂あそびをしようか？」と声をかけた。子どもたちは，「うん，砂あそびする」「ケーキつくる」などと言って嬉しそうである。その間に，Ｂ保育者は砂場へ行って危険な物は落ちていないか安全を確認する。また，砂場のおもちゃが揃っていることを確認した後で，砂の湿り具合も確かめておく。

真子は，一番早く砂場へ行って「ケーキつくる」と言い，大きい容器を持ってきた。亮は，黙々とスコップでバケツに砂を入れ始めた。琴乃が，ペットボトルに手で砂を入れ始めたので，保育者が「むずかしそうだね，入るかな？」と声を掛けると，隣にいた真子が琴乃のペットボトルを見て「やっぱり入るよ」と言って嬉しそうな様子であった。

そこへ，俊がお皿を持ってきて「ぼくもケーキつくる」と言って一緒に遊び始めた。真子のケーキが出来上がったので，保育者が砂場の周りのプランターに咲いている花と小枝を持ってきて，「ケーキの上に飾ってもいい？」と言って上にのせると「わー，きれい」とにっこりした。「俊くんのケーキにも飾ろうか」と言って花をのせると「いっしょだね」と言って２人で顔を見合わせて笑っている。

秀樹と夕子がバケツを持ってきたので，保育者が「そうだ，お水を持ってきて，どろんこで遊ぼうか」と言ってバケツに水を入れてくると，二人はバケツの中の砂に水を入れてかき回して「どろどろ」と言いながらどろんこの感触を楽しんでいる。

桃花は，保育者のそばでコップに砂を入れてプリンを作って「桃花ちゃんの作ったプリンおいしいね」と会話をしながら保育者と１対１で遊んでいるのが楽しい様子である。

夕子は，水の入ったバケツを持ってテーブルに行き，椅子に座って「アイスクリームつくるの」と言いながら遊び始めた。コップの中に砂を入れて水を入れ，かき回しているところへ，桃花が「お水ちょうだい」と言ってきた。夕子は「ダメー」と言ってあげようとしない。桃花が困った様子なので，保育者が「桃花ちゃんにお水あげないの？」と聞くと「だって，ダメ」と言ったものの，何だか悪そうな表情をしている。しばらくそのままかき回して遊んでいたが，桃花の方を見て少しだけコップに水を入れて「ジャー」と言って流して，あげるそぶりだけした。桃花は水がもらえなかったこともあり，砂場の端に行って座り込んだ。保育者が「ちょっとおやすみするの？」と声を掛けるとコックリして頷いたので，そのまま見守ることにした。

亮，秀樹，俊の３人は，どろんこを丸めて遊んでいる。両手を使って上手に丸めたものをたくさん並べて遊んでいる。また，葉っぱを持ってきて丸めたもの上にのせている。保育者が「何を作っているんですか」と聞くと，秀樹が「しゃけのおにぎり作っているんだよ」と答える。俊が「先生にあげる」と言って保育者におにぎりをくれたので「ありがとう，俊くんたちの作ったおにぎり，すごくおいしいね。もうひとつください」と言うと，「ママ，いつもおにぎり作ってくれるよ」と言って自慢気な表情であった。

翔太は，砂場のおもちゃを取りに行ったが，車があったので乗りたくなって園庭に行ってしまった。１周回って砂場の近くに戻ってきたので，保育者が「翔太くんは，どこに行くの？」と聞くと，「動物園に行くの」という元気な答えが返ってきた。３歳児の子と一緒に嬉しそうに遊んでいるので，そのまま砂場での遊びには誘わず「行ってらっしゃい」と声をかけた。

勇人は，バケツに入った水をコップですくって，器用にペットボトルに

表6－3　展開案

5月1日　2歳児10名（男児6名　女児4名）　砂場でいっぱい遊ぼう			
時間	環境の構成	予想される子どもの姿	保育者の援助
9：50 9：55 10：40	・砂場の安全点検，おもちゃの確認をする。 ・おもちゃや容器はできるだけたくさん用意する。 ・水や草花を用意する。 ・足洗いの準備をする。 ・着替えを各自の机の上に置いておく。	・砂場遊びの期待感を言葉で表す。 ・砂を型に入れたり，型抜きをして遊ぶ。 ・ペットボトルで遊ぶ。 ・水を使って，泥んこやジュース遊びをする。 ・砂が付くのをいやがる子もいる。 ・ズボンを脱いでから足を洗い，部屋に入る。	・靴を履くのを確認してから，砂遊びをすることを伝える。 ・子どもが見立てた遊びに共感して一緒に楽しめるようにする。 ・子どもと一緒に遊びながら，イメージが広がるような言葉がけや場の設定をする。 ・一人一人の遊びの様子を見ながら，安全に楽しく遊べるようにする。 ・遊んだ後は，衣服の着脱や足洗いの手伝いをする。

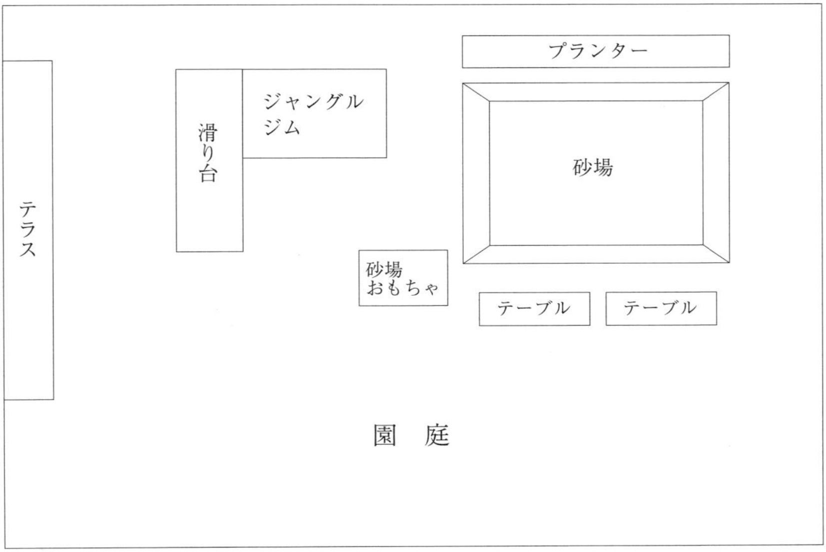

図6－6　２歳児の保育環境構成図

入れている。とても真剣な表情で，こぼさないように一生懸命である。保育者が「勇人くん，上手だね」と声を掛けると，「ジュースだよ」と，嬉しそうに答えた。砂で手が汚れるのが苦手な春男がそばにいたので，保育者が「春男くん，みてみて，勇人くんがおいしそうなジュースを入れているよ。春男くんもやってみようか」と言ってペットボトルを渡すと，同じようにやり出した。

e　考察

⑴ 物とのかかわり

子どもにとって身近な遊び（素材）である砂遊びは，砂そのものの感触を楽しんだり，水を注ぎ入れてどろんこにして遊んだりとさまざまである。この頃になると，手や指の使い方が器用になってくるので，真子や俊のように砂を型に入れて型抜きをしたものをケーキやプリンなどに見立てて遊ぶこともできる。

そこへ，自然の素材である花や木の枝などが加わることにより，砂で作ったケーキの飾り物であったり，おにぎりの具であったりといっそうイメージが広がる。草花などの自然物も遊びを豊かなものにするので大切な環境のひとつである。

また，乾いている砂は固まりにくいが水を使うことによって固まりやすくなることにも気付くようになる。そして，亮たちのように手のひらを使っておにぎりを握り，「はっぱのせようか」「ママ，つくってくれる」「しゃけのおにぎりおいしいよ」と会話しながら家庭での生活経験が共有できる。また，夕子のように水を多めにしてかき混ぜてアイスクリームを作るなど，さまざまに遊びが広がってくる。

ペットボトルは，水や砂を入れて遊べるおもちゃになる。ペットボトルの狭い口からコップで砂や水を入れることは大変難しいが，琴乃や勇人のように慎重にやっている姿を見ると，２歳児になって指先も器用になってきたのを実感するのである。また，穴を開けて水を入れるとシャワーやジョロになって楽しく遊ぶことができる。春男のように手に砂がつくことが苦手な子もいるが，無理に誘うことはせず，その子の気持ちを受け止めていきたい。

翔太のように，この日は車の方に興味があって砂遊びはしなかったが，楽しんで積極的に身体を動かして遊ぶことも大切なことである。

図6－7　砂遊び

砂や水で遊ぶことで感触を楽しみながら，砂や水の性質に気付くようになる。また，砂場全体を使って水を流したり，裸足になって大きな山を作ったりして，だんだんダイナミックに遊びが展開していくようになるのである。

⑵ 人とのかかわり

この頃は，友だちへの興味や関心が高まってきて少しずつかかわって遊べるようになる。例えば，真子がケーキを作り始めると，俊も「ぼくもケーキつくる」と言って遊び始めてかかわりを見せている。保育者が花を持ってきて「ケーキの上に飾ってもいい？」と声を掛けて仲立ちをすることにより，「いっしょだね」という言葉のやりとりがあり，遊びのイメージが一致できる。そして，2人の気持ちが共有できて，一緒に遊ぶと楽しいという心地よさを感じることができるとともに豊かな経験ができるのである。

おにぎりを作っている3人は，友だちとかかわるというよりもそれぞれが自分のイメージの世界で遊んでいる。保育者も一人一人の子どものイメージに共感して見守りながら，他の子との遊び方を知らせていきたい。おにぎりをもらって保育者が「ありがとう，おいしいね」と伝えることにより，人に認めてもらえたことで自信につながっていく。また，草花などの新しい素材を提供することにより，いっそうイメージが広がるようにしていくことも大切である。

夕子のように，水をいっぱい使って遊んでいるところに「お水ちょうだい」と言われて，この水は自分だけのもの，でも友だちから言われたことで気持ちが揺れ動いた。一度は「だめ」と言ったものの，やっぱりあげようかなと自分の気持ちを切り替えられるようになって少しずつ自立の芽生えが出てくることになる。この場面では，保育者は無理に「お水をあげようね」とは言わず，その子の気持ちの動きに寄り添って，自分自身で感情をコントロールしている姿を見守って援助することが必要だと思われる。

桃花のように，保育者と1対1でかかわりながら遊ぶ子もいる。保育者との関係の中で安心感をもち，一人一人の気持ちを大切に受け止めて情緒が安定するような働きかけも大切にしていかねばならない。

2歳児のこの日の活動は砂遊びであったが，3歳児の子とかかわりながら車に興味を持って遊び始める翔太のような子もいる。その子の気持ちを丁寧に受け止めながら，他クラスの保育者とも連携をとって見守るという配慮が必要になってくる。

保育者は子どもの居場所や動きに気を配りながら，子どもの自我の育ちを見守っていくよう配慮していくことが大切である。

4節　3歳児の保育

1　ウサギ・インコとのかかわり

a　活動のねらい

① ウサギやインコを見たり，触れたりして親しみをもつ。

② 自分の感じたことや思ったことを言葉や動作で表現する。

③ 保育者に見守られながらウサギやインコにかかわり，安心して過ごす。

b　子どもの姿と保育者の願い

入園当初は，不安で泣いたり母親に付き添ってもらったりした子が多かったが，5月になると大半の幼児が落ち着き，自分のしたいことを見付けて遊ぶようになってきた。保育者や他児にも目が向き，同じようにブロックをつなげたり，三輪車に乗ったり，砂場でごちそうを作ったりして楽しそうにしている。

しかし，母親から離れる時に涙の出る子や，遊んでいる途中で不安そうな表情をする子もいる。

園で飼育しているウサギやインコなどの小動物は，姿がかわいく，ほとんどの子が興味をもっている。登降園時に母親と一緒に見に行く子や，家から餌になる野菜を待って来る子どもも多い。幼児は，ウサギやインコのさまざまなしぐさを見ているうちに，もっと見たい，触りたいという気持ちになってくる。保育者と一緒に見たり餌を与えたりすることで，新しい環境になじめない幼児の不安な気持ちや集団生活の緊張を和らげ，安心して過ごせるようにしたい。

また子どもは，ウサギやインコが自分の呼びかけに応えると嬉しそうな顔をしたり，その時の様子や思ったことをつぶやいたりするので，その思いを保育者が温かく受け止め，自分の気持ちが素直に表現できるようにしたい。そして，保育者や友だちと一緒にウサギやインコを見たり，話しかけたり，触れたりしながら，小動物に親しみをもたせかわいがる気持ちを育てたい。

c　展開案

表6－4　展開案参照

d　実践記録

(1) ウサギを見たり餌を与えたりする

保育室前の木陰にウサギを入れたワゴンを置くと，登園してきた子どもが母親や友だちと一緒にウサギを見ている。雄二と純也は家から持ってきたキャベツやにんじんを手にして「ウサギちゃんにご飯をあげたい」と保育者に言ってくる。母親が帰った後，不安そうな顔をしているゆかりに，保育者が「ゆかりちゃんもウサギちゃんを見に行こうか」と声をかけ歩き始めると，近くにいた奈美や浩太もついて来た。子どもはワゴンを取り囲み，上からのぞき込んで「ウサギおいで」と呼んだり，隣の子を押しのけて餌を与えようとしたりした。保育者は，押し合っている子どもをワゴンの周りに座らせ，「ピョンちゃん，キャベツおいしいよ」と言ってキャベ

図6－8　幼児が触れやすいようにワゴンに入れる

ツをそっと差し出すと，雄二たちも「ピョンちゃん，キャベツおいしいよ」と言いながら保育者の真似をしてそっと差し出した。ウサギが自分の与えた餌を食べると，雄二「食べた。食べた」奈美「キャベツ食べた」と嬉しそうな顔をするので，保育者は「ピョンちゃんがおいしいって食べているね」と笑顔でうなずいた。それを見ていたゆかりも笑顔になって「餌をあげたい」と言うので細く切ったにんじんを渡すと，ワゴンの上から差し出した。ウサギが立ち上がってにんじんを食べると，「わあ，立っちした」と喜ぶ。保育者が「ピョンちゃん，おいしいおいしいって喜んでいるね」と言うと，雄二「雄君のもおいしいって言った」奈美「私のもおいしいって食べたよ」と保育者に向かって得意そうな顔をして言う。ウサギが餌を食べる様子を見ながら「こっちのが柔らかいと思う」「ピョンちゃん，にんじん食べた。にんじんの方が好きなんだ」などと口々に言っている。浩太はウサギが自分の方に来ると，「ピョンちゃん，浩太が好きなんだ。あっ，雄君のところも来た。雄君も好きなんだ」と驚いたように言う。

ウサギが餌を食べなくなっても，「もっと食べて」と追い回すので，保育者が「ピョンちゃん，みんながご飯をいっぱいくれたから，もうおなかがいっぱいだって」と言うが，雄二たちはもっとウサギとかかわりたくて「こっちに来て」と言いながらかわるがわるウサギを触ろうとする。純也がウサギの耳をつかむと，驚いたウサギがピョンと跳ね，見ていた子どもが「わっ」と声をあげたので，保育者は「ピョンちゃん，お耳が痛いってびっくりしたみたい」と知らせる。

ウサギがワゴンに敷いてあった新聞紙を前足で掻いて破ったので，亮太

表6－4　展開案

5月14日　3歳児19名（男児10名　女児9名）　ウサギ・インコとのかかわり			
時間	環境の構成	予想される子どもの姿	保育者の援助
9：30	・ウサギを入れたワゴンやインコを入れた鳥かごは，幼児が見やすいように日陰の広い場所に置く。 ・キャベツやにんじん等の餌は，幼児が扱いやすいように切っておく。	・保育者と一緒にウサギやインコを見る。 ・名前を呼んだり触ったりする。 ・持っている餌を与える。 ・餌を食べたことを喜んで保育者に話す。 ・ウサギやインコの動く方に行ったり，自分の所に来るまで呼んだりする。	・どの子も見たり触ったりできるように配慮する。 ・保育者が声を掛けながら餌を与え，優しくかかわる姿を見せる。 ・餌を食べた時の幼児の嬉しさや驚きを受け止め，その気持ちに共感する。 ・ウサギやインコのしぐさからその気持ちを言葉にして伝え，親しみがもてるようにする。 ・幼児が乱暴と思われるような扱いをした時は，その子のかかわりたい気持ちを受け止めながらかかわり方を知らせる。
	・幼児が触れやすいように，ウサギをワゴンから出して保育者のひざに乗せる。	・ウサギの頭や体をなでながら，自分の感じたことを言う。	・ウサギをこわがる子には，一緒に触れながら「あたたかいね」「フワフワだね」とかわいらしさを感じられるようにする。 ・幼児の言葉をうなずきながら聞き，それぞれの子の思いを受け止め共感する。 ・ウサギに触れた後は手洗いをするように声を掛ける。
10：20		・保育室に戻る。	

は困ったような顔をして「あっ，破った。破っちゃダメなのにね」と言う。「破っちゃだめなんだ？」と保育者が聞き返すと，亮太「そうだよ。ママがだめだって」と言い，自分が母親に叱られたことを思い出したようである。ウサギが新聞紙の下にもぐり込むと，英也「寝るんだよ。ご飯食べて歯みがきしたら」と言い，保育者が「もう寝るの？」と尋ねると，英也は

「あと，おしっことウガイも」と笑いながら言う。他の子どもは「違うよ。今日は暑いなって言っているんだよ」「にんじん探してるのかな」などと自分の思ったことを口々に言うので，保育者はそれぞれの子どもの言葉にうなずきながら受け止める。

(2) ウサギに触れる

子どもがウサギにかかわりやすいようにと，ワゴンから出して保育者のひざの上に乗せる。ウサギの背中をそっとなでながら「フワフワだね。わあ，あったかい」と言うと，周りに座っている子どももそっとなでながら「フワフワだ」「柔らかいね」「気持ちいい」「あったかい」と嬉しそうに言って，お互いに顔を見合わせる。保育者は「そうだね，柔らかいね」「フワフワで気持ちいいね」と，顔を見ながらうなずく。由紀は「可愛いね」とウサギに自分の顔を近づけ，頭や背中をなでながら「わあ，小さい手」と言って前足を持つと，他の子も「小さいね」とかわるがわる触れる。保育者は「みんなの手より小さいね」と言いながら比べてみる。

健二が耳をつかむと，ウサギは逃げようと足をばたつかせる。保育者が「ここつかんだら痛いんだって。ピョンちゃんがやめてと言っているよ」と知らせる。子どもが抱こうとしておなかを持ち上げたり首をつかんだりすると，ウサギは嫌がって逃げ回るので，その都度保育者は「おなかギューッてすると苦しいって」「首ギューッてすると痛いって」とウサギの気持ちを知らせていく。「ここを持って抱っこするんだよ」と抱き方

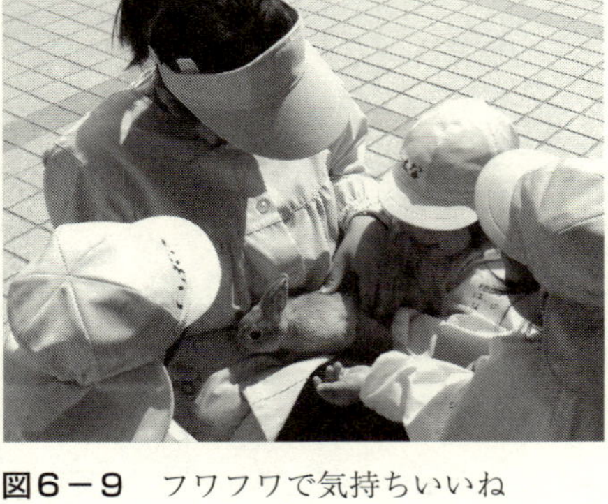

図6－9　フワフワで気持ちいいね

を見せながら，子どものひざに順番に乗せる。保育者が「優しく触ってあげようね」と言うと，健二は「優しく，優しく」と言いながら体をなでるので，保育者は「ピョンちゃん喜んでいるよ」と声を掛ける。

(3) インコを見たり餌を与えたりする

子どもと一緒に園庭を歩いていると，年長児がインコにレタスを与えていた。それを見た祐介が餌をやりたいと言うので，レタスを分けてもらう。祐介は網の隙間からレタスを差し込みながら年長児の真似をして「ピーちゃん食べて」と言う。インコがかごの中を動くのを見て，年長児が「だれにしようかなって見ているんだよ」「じっとしていると来るよ」と教えてくれる。インコは止まり木の上を左右に歩いていて，突然，近くのレタスをパクッと一口食べる。祐介も自分の持っているレタスを食べて欲しくて「ピーちゃん食べて」と言いながらインコが来るのをじっと待っている。インコが祐介のレタスを食べると「あっ，祐君のも食べた」とニコッと笑う。保育者が「祐君のレタスおいしいって」とインコの気持ちを言葉にすると，祐介はいっそう嬉しそうな顔になる。子どもは口々に「ピーちゃん，来て」「ピーちゃん，食べて」とインコを呼びながら食べるのを待っている。年長児が「ピーちゃんは生の野菜が好きなの」と言うのを聞いて，祐介「生が好きなの？　焼くと熱いから」と分かったような顔をして言うので，保育者は「そうだね，焼くと熱いね。生が好きみたい」と祐介の言葉を受け止める。

図6－10　ピーちゃん食べて！

智也がかごの上からレタスを差し込むと，インコが驚いて「ピーピーッ」と鳴き逃げようとしたので，それを見た年長児が「上からやると怖がっているよ」「怖いからやめてって言ってるよ」と智也に教える。みんなで「ピーちゃん，ピーちゃんここだよ」と呼んでいると，智也の呼び声に合わせたようにインコが「ピーッ」と鳴き，智也は「返事をした」と嬉しそうな顔でみんなを見る。保育者が「ピーちゃん，お返事したね」と言うと，智也は「ピーちゃん，ピーちゃん。もう１回お返事して」とまた呼ぶ。

e　考察

(1) どの子どももウサギやインコをかわいいと思うが，一時の興味であったり，中には，おもちゃのように扱ったりする子もいる。保育者が一緒に見たり触れたりしながら，「おいしいって言ってるよ」「フワフワだね」などと動物をかわいがる姿を見せると，子どもも同じようにかかわり，ウサギやインコが生きていることを実感しながら次第に動物への愛着が育ってくると思われる。

また，かわいがる気持ちはあってもかかわり方の分からない子どもや，扱い方が乱暴な子どももいるが，子どものかかわりたいという気持ちを大切にしたい。そのうえで，「ギュッは痛いって」「怖がっている」などとウサギやインコの気持ちを代弁したり，保育者やふだん世話をしている年長児が優しく扱う姿を見せたりすることで，子どもは動物へのかかわり方を知り大切に扱うようになるだろう。

(2) 子どもはウサギやインコとかかわったときに，感じたことや疑問に思ったこと，気付いたことなどを言葉や表情で表そうとする。祐介のように「焼くと熱い」と自分の知っていることや，亮太のように「破っちゃダメなのにね」と母親に言われたこと，英也のように「寝るんだよ。ご飯食べて歯みがきしたら」と自分の生活から連想したことなど，保育者にさまざまなことを伝えようとする。言葉でうまく表現できない子どもや，突拍子もないことを言う子どももいるが，保育者は子どもの表情や行動からその気持ちを理解し，「そうだね。焼くと熱いね」「破っちゃったね」「もう寝るのかな」などと，それぞれの子どもの思いを受け止め共感することが大切である。子どもは思いを受け止めてもらうことで，自分の気持ちを安心して表し，保育者や友だちにもっと伝えたいという気持ちが育っていく。

(3) ゆかりのように園生活に慣れず不安や緊張のある子どもでも，保育者と一緒にウサギを見ているうちに，母親と離れたさみしい気持ちを動物になぐさめられ次第に笑顔になってくる。保育者は，子どもと一緒にウサギやインコにかかわりながら，幼稚園は楽しいところと感じられるように，一人一人の驚きや嬉しさを温かく受け止めるようにしたい。子どもは，保育者に見守られていることで安心し，次第に新しい環境に適応していけるだろう。

(4) ほとんどの子どもは，ウサギやインコを見ると「かわいい」と言って近づこうとする。ぬいぐるみのような愛らしいウサギの姿やユーモラスなインコのしぐさは，子どもにもっと見たい，触りたいという気持ちをおこさせる。小動物には人の心をいやす魅力があるので，身近な場所で飼育し，子どもがいつでも自由にかかわれるようにしたい。

(5) ウサギやインコにかかわるとき，ほとんどの子どもが自分の所にきてほしい，自分の与えた餌を食べてほしいと思っているが，ウサギやインコは子どもの思い通りに動くわけではない。子どもは自分の思い通りにならない悲しさや不満を保育者に支えてもらいながら気持ちを切り替えていくようになる。ウサギやインコとのかかわりを通して，自分の思い通りにならないことがあるという経験も大切にしていきたい。

2　植物とのかかわり

A　サクラの花びらってきれい

a　活動のねらい

① サクラの花びらに興味をもって見る。

② サクラの花びらをきれいと感じて集めたりそれを使って遊んだりすることを楽しむ。

③ 保育者やその周りにいる子と一緒にいることを心地よいと感じ，保育者に親しみをもったり，安心して過ごしたりする。

b　子どもの姿と保育者の願い

大人はサクラの花を見れば「春」を感じることができる。生まれて３年たった入園したばかりの子どもにとって，地面に落ちたサクラの花びらは初めて目にする新鮮な自分で見付けたものである。

周りにいる子どもがサクラの花びらを集めるのを見ると，「きれい」と感じたり，花びらで遊ぶ様子を見て一緒にいる心地良さを感じたり，同じように集めて遊んだりして，園は楽しいところだと感じていく。

保育者がサクラの美しさに目が向くように，目が向いた時には十分楽しめるように，「サクラの美しさを身体と気持ちで受けとめている。花びらが集まるとうれしそう」「夢中になって楽しんでいる。何も言わずに見ていよう」と，春の季節感を体中で受けとめ，「サクラの花びらってきれい」と感じることができるようにゆったりとかかわると，保育者やその周りにいる子と一緒にいることを心地よく感じ，保育者に親しみをもち，安心して過ごすようになると思われる。

サクラの花びらに出会って感じていくことは，これからさまざまなものに出会い，触れ，試し，子どもなりの知識を総動員して予想し，考え，そこで感じたことを伝えようとするものの見方や考え方の基礎（幼児期において育みたい資質・能力，幼児期の終わりまでに育ってほしい姿）が育つことにつながる。

c　展開案

表６－５　展開案参照

d　実践記録

静香は園庭一面のサクラの花びらをもくもくと集め，片手なべの中にサクラの花びらが山盛りになった。その花びらに土を少しかけて，ごちそうを作って楽しんでいた。

その傍らで，慶一もコップで花びらを集めようとして，花びらが混じった土を集めて楽しんでいた。

真理は，静香や慶一がすることをじっと見つめていた。

表6－5　展開案

4月10日　3歳児20名（男児10名　女児10名）　サクラの花びら			
時間	環境の構成	予想される子どもの姿	保育者の援助
9：00 10：30	・サクラの木近くの砂場道具を利用すると思われるので，皿や盆，コップなどを多めに用意する。	・サクラの花びらを集める年長児に混じって，花びらを集め，自分たちが落ち着ける場所を見付けていく。	・保育者は幼児が感じている気持ちを「サクラの花びら，とってもきれい」と，言葉にして語りかけたり，「ふわふわしてるね」と感じ方を示したりして，幼児の興味に共感していく。

しばらくすると，砂場で型抜きを楽しんでいた慶一が，サクラの花びらをその上に飾り始めた。

丁寧に慎重に，サクラの花びらが山になるように型抜きした土の上に盛り上げていった。保育者が「きれいなごちそうですね」と言うと，にっこりとごちそうを指す。「食べていいかしら」と聞くと，うれしそうにうなずいた。

その後，5歳児がサクラの花びらを体中に抱え，空高く撒き散らせて，落ちる花びらに包まれる様子を，慶一がにこにこしながら見ていた。

e　考察

静香はサクラの花びらがきれいと感じ，集めたり，別の鍋に入れ替えたりお皿に盛ったりなどを楽しみ，真理は静香のすることに興味をもち，慶一は花びらが偶然土と一緒にコップの中に入ることを楽しんだ。3人は同じ場で静香と同じことをしているつもりになって「サクラの花がきれい」「一緒にいると落ち着く」と，場や感情を共有して（個別の知識や技能の基礎）いる。

図6－１１　サクラの花びらを集めて楽しむ

他の子どものすることを見続けて考えたりコップで集めて試したり，飾る工夫をしたりと他の子どもの動きから自分なりのかかわり方を見付けて今までに感じたことがない感覚（思考力･判断力･表現力等の基礎）を楽しんでいる。同じ場で，同じことをして共にいる，つながる心地良さを感じる（学びに向かう力や人間性等）が見られ，幼児期において育みたい３つの柱を読み取ることができる。

慶一は土に触ることが嫌でスコップを使っていたが，花びらをたくさん集めるために，思わず知らずに土に触れ，砂のごちそうに山のように盛って飾る遊びを見付けていた。サクラの花びらと自分が一つになって楽しむ５歳児の様子を見て，自分も花びらを空に散らせて一緒に楽しんだつもりになっていたと思われる。子どもは周囲のさまざまなかかわり方を見て学んで感情を共有したり体感したりしながら，自分の遊びを見付け，自発性の芽を育んでいたのだった。

サクラの花びらを夢中になって集めたうれしさ，「ごちそうを食べて」と，保育者に差し出して「まー，きれい」と，認められ受け入れられる楽しさなど，さくらの花で遊ぶ中で保育者との信頼関係も育まれていた。

サクラの花びらは，ごちそうに見立てる想像力や空に舞わせる自由な発想など，日常の何気ない生活で心を揺り動かして遊びを作り出す力を育くむ教材となっていた。

B　チョウになって花に親しむ

a　活動のねらい

① 保育者と一緒にチョウになって飛ぶことを楽しむ。

② チョウになって花の蜜を吸ったり，花のにおいをかいだり，花に触れたりすることを楽しむ。

③ 花壇や樹木などのいろいろな花に親しむ。

b　子どもの姿と保育者の願い

入園後，自分の担任がわかってくると，担任のいる場，担任と他の子どもが一緒に遊んでいる姿は輝いて見え，周りの子どもの状況に関係なく，ストレートに保育者を求めてくるようになる。また，保護者と離れた不安から，保育者から離れようとしない子どももいるので，保育者は保育室内で過ごしがちになる。一人一人の家庭生活を受け入れつつ，戸外遊びの心地良さや楽しさを体感し，豊かな園生活を過ごさせたい。

保護者と離れられない子どもも気分よく過ごしているときには，保育者の言葉が耳や目に入り，楽しいと思えることがあれば，その瞬間は保育者と遊ぶようになる。体もよく動くようになっているので，子どもと心をつなぐタイミングととらえ，「チョウチョ」などと子どもがつぶやく言葉に，保育者が子どもと同じ気持ちになってチョウになってかかわると，花の蜜を吸ったり，花のにおいをかいだりして，草花にかかわる楽しさを十分味わわせることができると思われる。

子どもに寄り添って同じようにしてみたり保育者が楽しんで見せたり，言葉をかけたりして楽しい雰囲気をつくると，保育者について走ったり，思い切り走ったりすることを楽しむようになる。

c　展開案

表6－6　展開案参照

d　実践記録

耕作は保育者からかたときも離れようとしない。真理は，母親からやっと離れることができるようになったが，保育室から出ようとしない。保育

図6－12　チョウチョさん。ひーらひら

図6－13　「蜜がおいしい」って言っているよ

図6－14　この花とってもいい？

者は広告紙を丸めた棒にチョウをつけ，「チョウチョさんひーらひら」と，チョウになって保育室の中を飛んでみせた。

動くことが好きな子どもが，楽しみ始めたので，「お外で飛ぶわ」と，テラスから園庭に誘った。子どもは，保育者と走ることを楽しみ，花壇につくと，「チョウチョさんはお花が好きだよ」と，花の上にチョウを休ませたり，保育者の真似をして蜜を飲ませたりした。耕作や真理も，保育者を追うようについてきた。子どもは花壇のチューリップやノースポールに蜜を吸うようにとまらせる。保育者が「おいしそうね」と，受け止めると何度もチョウに蜜を飲ませた。

保育者と同じことをして遊びたい子どもが次第に集まってくると，においをかいでみよう，花を摘んでもっとよく見ようなど，思い思いのことを楽しむ様子が見られた。

子どもが指したパンジーの花びらに虫が食べた穴が開いていた。「すごい！発見」と認めると，「花びらの中は黄色い」と，よく見ている。

「この花とってもいい？」と聞く

表6－6　展開案

4月28日　3歳児20名（男児10名　女児10名）　チョウになって花に親しむ			
時間	環境の構成	予想される子どもの姿	保育者の援助
9：00 10：30	・チョウの形に切った画用紙と広告紙を丸めた棒を多めに準備する。 ・片付けをする。	・チョウの形に切った画用紙に目や口を描いて，かわいくなると，自分のチョウという意識をもつ。 ・ほかの幼児がつくったチョウを自分も持ちたいと保育者に要求する。 ・チョウを動かす保育者を真似たり，保育者が戸外へ出ると一緒に出かけたりする。 ・保育者がチョウを花に止まらせる，蜜を吸うなどすると真似たりそこで気付いたことを言ったりしたりする。	・保育者がつくるチョウに興味をもたせ，幼児も保育者と一緒に同じチョウをつくろうと，目や口を描く。 ・広告紙を丸めた棒にチョウを貼り，保育室やテラスでチョウをひらひらと動かして楽しむ。 ・チョウを飛ばしながら，興味をもった幼児がつくり終えた様子を見届ける。 ・幼児と一緒に戸外へ出かけて，走りながら飛ばす。 ・園内にある花を幼児と一緒に見付けながら，チョウを花に止まらせたり，蜜を吸ったり触れたりして，花の匂いや手触りを楽しむ。

子どもに，傍らにいた年長児が「枯れた花ならいいよ」と，しおれた花を指したり，「赤ちゃんの花はこれから大きくなるから，とっちゃだめだよ」と，教えたりしていた。

コデマリの花を見付けた子どもに「ここにも花があったのね」と話すと，梅の花を見せようと保育者を呼ぶ。チョウになって梅の花のにおいをかいだり，蜜を吸ったりなどして，いろいろな花に出会い，さまざまなかかわり方を楽しんだ。

e　考察

保育者も子どもと心を通わせて，チョウになった気持ちで子どもとともに動き，花が美しいと感動し，子どもの小さな発見に子どもと同じ言葉を使ったり同じ動きをしたりした。チョウになって飛ぶことを楽しむと，保育者を私の思っていることを一緒にしてくれる大好きな人，自分のことを分かってくれる人と感じ，保育者と一緒にいる楽しさを味わうことができた。

保育者が子どもの発見に共感し，喜んで受け入れると，花の蜜を吸ったり花のにおいをかいだり花に触れたりなど，気に入ったことや面白いと感じたことを言葉にし，動きで表すなどして繰り返し遊ぶ様子が見られた。また，虫が食べた穴の発見を伝える。「赤ちゃんの花はとっちゃだめだよね」と，採ってよい花，だめな花を自分なりに理解するなど，子どもなりの発見を楽しむようになっていた。

子どもがしていることに寄り添って保育者が楽しんで見せたり，言葉にして伝えたりすると，裏庭や遠い場所の樹木の花などいろいろな花に気付き，花の色や香りを保育者と一緒に楽しみ，幼稚園が楽しいところと感じていった。

子どもは，チョウになって戸外へ出かけると，興味をもったものに自分からかかわり，新たな発見をし，発見を生かしてさらに遊びを広げ，園内に咲くさまざまな花を見付けて親しんでいくことが分かった。

3歳児には四季折々の自然を子どもなりに感じ取ったり，体を動かしたりする楽しさを味わってほしい。そのためには，子どもが興味をもったものに自分からかかわる姿を大切に，保育者も一緒にやってみたり環境を工夫したりして，豊かな自然体験ができるように工夫したい。

5節　4歳児の保育

1　ダンゴムシとのかかわり

a　活動のねらい

① ダンゴムシに興味をもち，見付けたり，つかまえたりすることを楽しむ。
② 自分の思い付いたことや考えたことを保育者や友だちに伝えたり，自分なりに確かめたりしようとする。

b　子どもの姿と保育者の願い

進級した喜びからいろいろな遊具や遊びに興味をもって遊ぼうとしたり，新しい担任に積極的に話しかけたりする子どもがいる一方で，不安や緊張があって自分から動き出せなかったり，保育者を頼りに遊んだりする子どももいる。保育者と一緒に園庭に行き，サクラの木の下で花見ごっこをしたり，園庭の花壇やプランターに咲いている花を採って遊びに使ったり，ミミズやダンゴムシをつかまえたりして楽しんでいる。その中で自分の感じたことを保育者や友だちに伝えたり，同じ話題で会話したりして，少しずつ保育者や友だちに自分の思いを出して，安心して過ごす姿も見られる。

園庭の花壇やプランターにはダンゴムシやミミズ，幼虫がいて，子どもの興味を誘っている。その中でもダンゴムシは植木鉢やプランターの下や花壇にたくさんいて，小さくて動きも少ないので誰でもつかまえやすいことと，歩き回る様子や手で触ると丸くなる様子は，面白さやかわいさがある。進級して少し緊張している子どもには，ダンゴムシにかかわることで，不安な気持ちを和ませ，ダンゴムシに興味をもって，いろいろな場所に探しに行き，つかまえることを楽しんでほしい。また，見たこと感じたことを保育者や友だちに伝え，自分なりに考えたり，思い付いたことをいろいろと試したりしてほしい。

c　展開案

表6－7　展開案参照

d　実践記録

(1) ダンゴムシのいそうな場所を考え，見付けることを楽しむ

基樹は保育室からカップを持って「ダンゴムシ探しにいこう」と保育者を誘い園庭に出ていく。基樹は「むかし（3歳児の頃），プランターの下にいたよ」と保育者に言いながら，プランターを動かそうとする。保育者がプランターを動かす手助けをして「ダンゴムシいるかなあ」と言葉をかけながら見守ると，基樹は「わっ！　いたいた。やっぱりな」と喜ぶ。基樹は「こいつでっかい。こっちのは白くてちっちゃいから子どもだ」と歓声をあげながらダンゴムシをつかみ，自分のカップに入れる。基樹は「こういうところにいそうだよな」と植木鉢の下や花の根元などを見て，たくさんダンゴムシをつかまえる。基樹は「先生，こんなにつかまえたよ」と得意気に見せに来たので，保育者が「基樹君すごいね。ダンゴムシ探し名人だね」と認めると，基樹は満足気な顔をして，また「行って来るね」と小走りに園庭に探しにいく。

図6－15　ダンゴムシ居るかなぁ

(2) ダンゴムシに親しみをもち，一緒に遊ぶことを楽しむ

祐樹はダンゴムシと遊びながら「この子に名前をつけよう」と思い付いたことを言葉に出したので，保育者は「いいね」と認める。祐樹は「何ていう名前にしようかな」としばらく考え，「ころちゃんにしよう」とつぶやいたので，保育者はダンゴムシを見ながら「ころちゃん，いい名前だね。

表6－7　展開案

4月15日　4歳児35名（男児16名　女児19名）　ダンゴムシ			
時間	環境の構成	予想される子どもの姿	保育者の援助
9：00 10：30	・園庭に植木鉢やプランターを置き，ダンゴムシが集まりやすいようにしておく。 ・自分のつかまえたダンゴムシを入れる容器（プリンやヨーグルトのカップ）を用意しておく。 ・子どもの要求に応じて，遊んだり，飼ったりできるように空箱や飼育ケース等を準備しておく。	・植木鉢やプランターの下などダンゴムシがいそうなところを探す。 ・たくさんつかまえようとする。 ・つかまえたダンゴムシをカップに入れる。 ・友だちと一緒にダンゴムシを見たり，触れたりして遊ぶ。 ・保育者や友だちに知っていることや感じたことを話す。 ・考えたことや疑問に思ったことを保育者や友だちに聞いたり，確かめたりする。	・子どもの要求に合わせて，一緒に探したり，したいことができるように手助けをしたりする。 ・保育者も一緒に見たり，触ったりしながら，子どもが言ったことやしていること，考えたことを共感的に受け止めたり，認めたりする。 ・子どもが知りたいことに対して，自分で確かめられるように，保育者がすぐに答えを出すのではなく，一緒に状況を見たり，考えたりする。 ・子どもに手を洗うように声をかける。

かわいいね」と声をかける。祐樹はダンゴムシに向かって「ころちゃん，こっちにおいで」と呼んだり，自分の手に乗せ，「サーカスだ」と逆さまにしたり，木の枝に這《は》わせたり，保育者の帽子に乗せたりして遊んでいる。帽子に乗せると，ダンゴムシはあっちこっちに歩いていってしまうため「こいつ言うこと聞かん。おい，勝手にどこかに行くな」と怒ったように言う。保育者も「ころちゃん，言うこと聞かないね。ちゃんと言うこと聞きなさい」と少しおどけながら言うと，祐樹は笑って保育者を見る。

祐樹が「ころちゃん，遊びに行くよ」と言って，ダンゴムシをブランコに乗せ，「ブーラブーラ」と言いブランコを揺らす。祐樹は「気持ちいい

図6－16　ブランコで一緒にあそぼう。気持ちいいでしょ

でしょ」とダンゴムシに話しかけている。亮太は「今度は滑《すべ》り台だ」と言って，滑り台の途中から滑らせると，ダンゴムシが丸まってころころと勢いよく滑ったので，祐樹と亮太は笑い合っている。

綾香はダンゴムシを１匹見付け，大事そうにカップに入れ，ダンゴムシを見て，「お友だちがほしいね」とつぶやいたので，保育者は「そうだね。1人じゃ寂しいね」と声をかける。それを聞いていた基樹が「1人あげる」と綾香のカップに入れてくれたので，綾香は嬉しそうに保育者を見る。保育者は「お友だちができてよかったね。綾香ちゃんよかったね。基樹君ありがとう」と声をかけると，基樹も嬉しそうにしていた。

(3) 気付いたことや考えたことを保育者や友だちに伝えたり，いろいろと確かめたりする

祐平が「先生，ダンゴムシって泳ぐよ。水入れてみよう」とカップに水を入れる。保育者が「へえ，ダンゴムシが泳ぐんだ」と驚くと，近くにいた拓実が「そうだよ，ダンゴムシって泳ぐよ」と祐平の考えにのってくる。保育者は，祐平がカップに水を入れる様子を拓実と一緒に興味深げにのぞくと，祐平は「ほら，泳いだ。足がバタバタしている。バタフライだ」と喜ぶ。拓実も「やっぱりな」と自信ありげに言ってきたので，保育者も「本当，泳いだ」と祐平達の言ったことに感心したように言う。しばらくダンゴムシを水につけていると，だんだん動かなくなってきた。保育者が「ねぇ，なんか元気がなくなってきたんじゃない？」と言うと，祐平は「本当だ」と少し考える。祐平は「そうだ，寒くなってきたんだ。ってことは，あったかいところに行けばいいんだ」と日なたに出ていく。拓実は「ここなら，あったかい」と言う。保育者も「うん，あったかいね。元気になるといいね。ちょっと水も出してあげようか」と言うと，祐平は「そうだね。砂を入れるといいかも」とカップの底に砂を入れて様子を見る。そして，「あっ，動いた。やっぱり，寒かったんだ」と納得したように言い，拓実は「ダンゴムシも溺《おぼ》れるんだ」とつぶやく。

e　考察

進級して担任やクラスの友だちが変わり，少し不安な気持ちをもっていた子どもは，保育者と一緒にダンゴムシを探しに行き，見付けた喜びを味わったり，ダンゴムシの動きを保育者や友だちと一緒に見たりして，だんだん気持ちが和んできたと思う。気持ちが安定し，遊びの楽しさを感じてくると，ダンゴムシを見付けようと自ら園庭のいろいろな場所を探すという意欲につながっていく。保育者は，一緒に行動しながら，それぞれの要求に応じたり，それぞれの子どもがしていることに共感したり，「すごいね，ダンゴムシ名人」と認めたりすることで，子どもは発見した喜びを味わい，“もっとたくさんつかまえよう”“こんなところにいるかもしれない”と考えたり，自分の経験をもとに予想したりするようになっていく。

ダンゴムシを触ったり，遊んだりしているうちに愛着がわき，名前をつけたり，遊具にのせたりして，自分や自分の友だちのような感覚でかかわるようになってきた。保育者は，子どもがダンゴムシに親しみを感じている気持ちに寄り添い，同じように言葉をかけたり，かかわったりすると，子どもはダンゴムシをかわいがる気持ちから，動きをよく見たり，かかわり方を考えたりするようになっていった。ダンゴムシへの愛着が，よく観察したり，考えたりする要因となっているのであろう。

子どもは今までに見たことや絵本や図鑑などで知っていることをもとに，ダンゴムシの生態（動きや居場所）について自分なりの考えをもったり，予想したりする。保育者が子どもの考えたことを「へえ，ダンゴムシ泳ぐんだ」と感心して受け止めていくと，子どもは，思ったことや考えたことをと素直に表すようになる。自分の言ったことを保育者に受け入れられると，自分の考えに自信がもて，考えることが楽しいと思えるようになっていくのだろう。また，祐平がダンゴムシの入ったカップに水を入れたように自分の思い付いたことを実際にやりながら，「やっぱりそうだ」「ちょっと違うかも」「こういうことだ」と自分なりに納得していくのだろう。

子どもは互いに自分の感じたことや思い付いたことを出し合うことで，友だちが思っていることや感じていることに触れ，新たな見方や考え方ができる。保育者は子どもがどんな動きや言葉を出すのか楽しみに待ちながらも，保育者自身も子どもの仲間の一員として「元気がなくなってきた」「水も出してあげようか」など感じたことや考えたことを表現することが大切である。

2　スクーター

a　活動のねらい

① 自分の気に入った遊具を拠《よ》りどころに安心して過ごす。

② 少し難しいことに挑戦しようとしたり，できた喜びを味わったりする。

③ 遊具を媒介に，友だちと一緒に遊ぶことを楽しむ。

b　子どもの姿と保育者の願い

新入園児にとっても，進級児にとっても保育室や担任が変わるなど，多少なりの不安を感じる１学期当初。保育者との関係も友だちとのかかわりも十分ではないこの時期には，自分の気に入った遊具が身近にあることが，安心感につながると考えられる。また，３歳児でキックカー，４歳児で三輪車やスクーター，５歳児で一輪車というように発達段階に合った遊具を用意することで，挑戦意欲や達成感を味わうことができる。４歳児でも進級・新入当初はスクーターをうまく乗りこなすことができず，足元を凝視しながら必死に運転している姿があちらこちらで見られた。まだ，自分の足元しか目に入らず，個々が乗りこなすことに夢中になる時期である。それが，次第にバランスを取れるようになりふらふらすることなく乗りこなし，スピードもぐんと

表6－8　展開案

4～10月　4歳児　三輪車・スクーター			
時間	環境の構成	予想される子どもの姿	保育者の援助
9：00	・登園した子どもが目にして，使ってみたいと思えるように，スクーターと三輪車を並べておく（駐輪場にする）。	・登園する。 ・運動服に着替える。	・準備の遅い子どもがいつも乗れない悲しさを味わわないように，数台を保育者の手元に残しておくようにする。 ・乗らなくなったら，駐輪場に返しにくるように習慣付ける。
9：15		・スクーターや三輪車で遊ぶ。 ・駐輪場にスクーターと三輪車を片付ける。	・安全に留意し，子どもと遊具との出会い，かかわりを大切にし，十分に楽しむ時間を確保する。
10：10			

速くなってくる。できなかったことができるようになる達成感や心地よく走る爽快感などを味わえる。また，スピードを上げて走ることで，スクーターが移動手段の1つとして子どもに活用されることが考えられる。園庭，園舎のまわりなど今まで足を延ばさなかった場所に行くきっかけができ，園内のさまざまな場所を知り，そこでの新たな発見を喜ぶ姿が予想される。4歳児半ばから後半には，ヒーローごっこの乗り物として活用したり，気の合う友だちと一緒に連なって走ったりするなど，友だちと触れ合いながらスクーターや三輪車を使う姿が見られる。

このように，子どもの発達と共に使い方も変わっていくことをとらえ，遊具の性質や特徴を子ども自身も感じ取りながら，遊具を通して考えたり工夫したりして友だちとのかかわりを楽しむことができるようにしていきたい。

c　展開案

表6－8　展開案参照

d　実践記録

⑴「やっていいの？」「乗りたい！」と感じて（4月）

圭太は進級児。保育室や担任が変わったことに不安を感じ，毎朝母親と離れるのに時間がかかっていた。登園すると，3歳児の遊び場で昨年度まで自分が使っていたキックカーに3歳児が乗って遊んでいる様子がよく見える。車が好きな圭太は3歳児の時にはキックカーに乗って遊んでいた。

図6－17　キックカーに乗る3歳児

しかし，圭太にとってキックカーは3歳児のものという思いがあり，4歳児に進級した今キックカーに乗りたいわけではない様子だった。そこで，圭太はじめ子どもが目新しい遊具があることで，幼稚園に来ることが楽しくなるといいなと思い，保育室までの通路に三輪車とスクーターを並べておいた。真っ赤な三輪車とスクーターがずらっと並ぶ様子に，登園してきた子どもの目が輝き，「やっていいの？」「乗りたい！」と嬉しそうに保育室に入っていった。圭太も早く乗りたい気持ちから母親とすんなり離れて身支度をすませた。嬉しそうに，三輪車にまたがり，園内のあちこちに出かけていった。

⑵「ここで待っていたら，三輪車が戻ってくる」を頼りにして（5月）

三輪車に乗りたくて急いで身支度をすませて駐輪場に来た由紀。4台ある三輪車だが，駐輪場にはもう1台も三輪車が残っていなかった。がっかりした由紀はその場で声を上げて泣きだした。「由紀ちゃん，三輪車に乗りたかったね」と保育者が声をかけて由紀の手を握った。泣いている由紀のそばを三輪車に乗った美奈が通った。それを見た由紀は，美奈の三輪車をつかみ「由紀ちゃんまだ乗っていないんだから，由紀ちゃんが乗るんだから！」と言って何度も引っ張った。「由紀ちゃん，乗りたかったね。でもね，美奈ちゃんもまだ乗ったばかりなの。美奈ちゃんにお願いしておこうね。美奈ちゃん，乗り終わったら由紀ちゃんに三輪車貸してね」と保育者は，由紀を抱きながら美奈に伝えた。美奈は「うん」と答えた。由紀はまだ泣き止まないが，保育者が「ここで待っていたら，三輪車が戻ってくるよ」と言うと泣きながらも保育者と一緒に駐輪場のそばで過ごしていた。そこへ，和希が駐輪場に三輪車を返しに来た。由紀は，それを見るとさっと立ち上がり和希が返した三輪車を取りにいった。「由紀ちゃんよかったね。三輪車あったね。美奈ちゃんに三輪車あったから，もういいよって言って来ようか」と言うと，すっかり泣き止んだ由紀は，嬉しそうに「うん」と言って美奈を探しに三輪車を漕《こ》ぎだした。

(3) スクーターはネットワークを広げる（6月）

4月当初の裕也は，赤いスクーターを乗りこなす友だちの姿にあこがれ，毎朝，身支度をさっとすませて駐輪場に行き，スクーターを手にしていた。そして，友だちについてスクーターを走らせようとするが，うまく乗りこなせない。「これ，難しい」と言いながら，ふらふらとスクーターを漕ぐもの

図6－18　三輪車とスクーターの駐輪場

の，歩いたほうが速いことに気付き，スクーターを引いて友だちのいる場所まで移動していた。それでも，毎日のようにスクーターに乗り，バランスが取れるようになってきた裕也は，今では風を切るようにびゅんびゅんと乗りこなしている。裕也は，朝の着替えをすませると，駐輪場に走り，自分のお気に入りのスクーターを選び，園舎のまわりや園庭をぐるっと回って保育室前のテラスに戻ってきた。保育者が，保育室に落ちていたハンカチを拾い，「里奈ちゃんのハンカチだ」と言うと，それを聞いた裕也は「里奈ちゃんなら，白砂の砂場のところでおだんご作っていたよ。裕也が渡してきてあげる」と言い，里奈のハンカチを持ってスクーターに乗った。「裕也君，バイク便のお兄さんみたいだねえ。お届けもの，お願いします」と保育者が言うと，裕也は嬉しそうに「分かりました！」と答え，びゅんと勢いよくスクーターを走らせた。

(4)“仲間と一緒”自分たちのイメージに合わせて（10月）

運動会を経て友だちとのかかわりが深まった10月下旬，クラスの気に入った友だち5，6人でテレビ番組の戦隊ヒーローになってごっこ遊びをする姿がよく見られるようになった。今日も，早く着替えが終わった雄介と省吾がスクーターに乗って，いつも基地にしている園庭のアスレチックに向かって走っていった。それに続いて健二，達樹もスクーターを取りにいき，基地に向かった。スクーターをアスレチックの一角に置くと，4人はアスレチックに登ったり砂で遊んだりし始めた。しばらくすると，雄介が，保育者のところに「真由ちゃん，まだ来てない？」と聞きにきた。「まだ来ていないよ」と答えると，雄介は，「真由ちゃんが来たら教えてね」と言って，基地に戻っていった。真由が登園して来たので，保育者は基地にいる雄介に向かって，「真由ちゃんが来たよ！」と知らせた。雄介は，「おうい，真由ちゃんのスクーターも，取っておいたからね。早くおいでね」と大きな声で叫んだ。真由は，嬉しそうに手を振り返し，急いで着替えをした。

e　考察

圭太のように進級時に不安になる子どもがいることを思うと，３歳児の頃に親しんでいたキックカーを４歳児当初の遊具として出しておくとよいのではないかとも考えられた。しかし，圭太に関していえば，キックカーは３歳児の遊具と思っていることがうかがえた。進級して“大きくなった”自覚が自信につながるこの時期には，キックカーでは圭太の拠りどころにならないのではないかと思った。本園には，４歳児用に三輪車とスクーターがある。それらを使えることが子どもにとって，喜び・楽しみ・目的・自信になるようにと，登園してすぐ目に入る場所を駐輪場（子どもは，車庫と呼ぶ）として，スクーターと三輪車を並べるようにした。そうしたことで，「あれに乗りたい」「使ってみたい」と心が動く環境になったと考える。

スクーターを毎朝駐輪場に並べておくことで，登園してくる子どもの楽しみな気持ちがより膨らむことが分かった。しかし，スクーターの数に限りがあり，乗りたいのに乗れなくて由紀のように悲しい思いをする子どももいた。互いに交代して乗れるように保育者も援助しているが，４月当初は，発達の個人差や身支度の時間差などを考慮し，今この遊具を体験させる必要がある子どものために，数台を保育者の手元に残しておくようにもした。また，スクーターに乗り終わったら駐輪場に返すきまりにすることで，スクーターや三輪車の使用状況が子どもに分かりやすいため，次に使いたい子どもの待つ目安になっている。初めは，なかなか駐輪場に戻さず乗りっぱなしで放置してあることが多かったので，保育者が「このスクーター，もう車庫に返してもいいかな」と確認しながら戻していた。徐々に，自分たちで駐輪場まで戻せるように声をかけてきた。また，子ども同士で交渉して上手に貸し借りができる場面もあるが，「貸して」と言われ，まだ乗ったばかりであるのに「いいよ」と譲っている姿も多い。譲った後でやっぱり乗りたくて泣き出すこともある。「まだ使っているから後でね」などと伝えることもまだできない。友だちに譲ってあげるという‘思いやり’と「貸して」と言われ「いいよ」と言う‘きまり’の間で葛藤したり，自分の思いを伝えて折り合いをつけたり気持ちを切り替えたりすることは，自分

図6－19　「見て！」「なになに？」

の気持ちを調整する力を育てる。そのために，この時期には一人一人が気に入ったスクーターや三輪車を見付け，それに乗って十分に楽しむことで，満足感や安心感を味わえるようにしたい。その時間を確保するには，駐輪場は有効であったと考える。

スクーターに乗ってみるものの，初めはバランスが取れずうまく乗れない姿がよく見られた。しかし，スクーターは子どもにとってその形や乗りこなす姿が魅力的である。裕也のように「難しい」と言っている子どもも，まずはスクーターを確保することで安心している。たとえ上手に乗れなくても歩く速さよりゆっくり走らせたり，急ぐ時はスクーターを降りて引いて走ったりするなどして，自分の手元には持っていたいようである。子どもにとって憧れの遊具であり，少し難しいが頑張れば乗れるようになるという小さなステップを踏む達成感を味わえる。そして，そのようにして少しずつでも触れてなじむことで上達していく。上手に乗れるようになると，裕也のように移動手段として利用できるようになる。裕也は，スクーターを乗りこなせるようになったことで園内のいろいろな場所に出かけていき，「誰が，どこで何をしているか」「あの場所には何がある」など，自分のネットワークを広げ，園生活に有効に活用している。

図6－20　友だちとヒーローごっこ

戦隊ヒーローごっこをする子どもは，自分たちの拠点となる基地，戦隊であることの証《あかし》となる共通の道具などがあることで，仲間意識が強まり互いのイメージや目的がより具体化され，楽しめるようになる。雄介達も園庭の

図6－21　駐輪場にスクーターを取りにいく

アスレチックを基地にし，スクーターを共通の道具として仲間であることを示している様子があった。また，スクーターで風を切って走ることがよりヒーローのイメージに近付き，心地よいのではないかということも感じた。戸外のごっこ遊びでは，そのほかにも家族ごっこの自転車として用いられたり，砂場で三輪車をひっくり返して手でペダルを回して泥の工事遊びをしたり，かき氷作りを模したりして乗り物の形状を利用して自分たちなりの遊び方をする姿も見られた。子どものもつ柔軟なイメージを大切にしながら，遊具と出会い遊具にかかわっていく姿を支え，本来の使用方法と異なる場合の安全確保にも保育者が留意したい。

スクーターや三輪車はそれ自体，変化のない遊具であるので，子どもの成長や生活の変化と共に飽きてしまい使わなくなったり，関心が薄くなったりする。惰性で使っていくことがないよう，子どもが心を動かす環境となっているかを確かめながら子どもの様子に合わせて遊具を出すタイミングや出し方を考えることが必要である。

6節　5歳児の保育

1　ハムスターの飼育を通して

a　活動のねらい

① ハムスターの飼育を通し，ハムスターに親しみや愛情をもつ。

② ハムスターの飼育を通し，喜びや発見など思ったことや感じたことを友だちと伝え合う。

b　子どもの姿と保育者の願い

本園では，池や飼育小屋等の施設の環境により，アイガモ，ウサギ，ニワトリ，カメ等を飼育している。また，保育室では，子どもが園内で見付けたり家から持ち寄ったりしたダンゴムシ，ザリガニ，カブトムシ，幼虫等の小動物をケースに入れて飼育することがあり，自分たちで責任をもって世話をしている。

子どもは園に慣れているとはいえ，進級当初は保育室や担任が替わることにより，5歳児であっても進級の喜びとは別に不安感や緊張感を抱きながら過ごすことが考えられる。そこで，これらの動物とは別に，子どもを和ませてくれる動物として，日頃から絵本やアニメーション等で親しむ機会の多いハムスターを考えてみることにした。

ハムスターは，小さくてかわいらしいこと，動く様子や餌を食べる様子がコミカルであることなどから，親しみや愛情が湧きやすい。また，飼育を通して気付きや喜びなどを友だち同士で伝え合うきっかけができる。アレルギーのある子どもでもケースの外からその姿を見ることができる。ケースは移動できるので，世話もしやすく，子どもの生活に馴染みやすい。このような理由から，子どもの生活にハムスターの飼育を取り入れることで，豊かな感動体験や感性が育まれていくのではないかと考えた。

c　展開案

表6－9　展開案参照

d　実践記録

進級当初，新しい保育室，新しい担任に子どもは期待と不安でいっぱいの表情で登園してきていた。それでも，子どもは今まで世話をしてきたザリガニやカブトムシやオタマジャクシなどを見たり，昨年度末に年長児から引き継いだウサギやカモの世話を保育者と一緒に行ったりして小動物との触れ合いにより少しずつ落ち着いていく様子が見られた。

そこで，保育者は子どもには何も知らせず，ハムスターの入ったケースを出席シールの横に置いておいた。登園してくると，入室してすぐ目に留まる場所なので，子どもは，何がいるのかとケースをじっと見つめ，ハムスターの眠っ

表6－9　展開案

9月　　5歳児　ハムスターの飼育			
時間	環境の構成	予想される子どもの姿	保育者の援助
登園時	・壁面にハムスター誕生とその成長の様子が分かるように写真を大きく伸ばして貼っておく。	・写真を見て，口々に思ったことを言う。 ・実際にハムスターの赤ちゃんを見たがり，どこにいるのか尋ねる。	・子どもの感動や不思議に思ったことなどに対して，丁寧に受け止める。
翌日	・みんなで遊戯室に集まってハムスターの動画が見られるようにする。	・口々に「かわいい」と言ったり，「すごい」と言ったりする。	・動画の中で特に伝えたいこと（母親となったミルクたんの子育ての様子）を説明していく。
9：00	・材料台に絵本づくりができるよう，八つ切り1/4大の画用紙を5枚ほどホッチキスで留めたものを置いておく。	・いつものように，自分の好きな絵を描いて遊ぶ。 ・保育者の楽しそうな様子に，友だちと一緒に絵本づくりを始める。	・絵本づくりを提案し，保育者自らハムスターを主人公にした絵本づくりを楽しむ。
11：00	・子どもと話し合い，完成した絵本を絵本コーナーに置く。	・完成した絵本を友だちと見せ合い，完成を喜ぶ。 ・友だちの描いた絵本を手に取り，読む。	・様子を見守り，完成を共に喜ぶ。

ている姿やちょこまか動く姿に「かわいいね」「こっちに来たよ」と自分の方に来てくれることを喜び，どんどん表情が柔らかくなっていった。

⑴ ハムスターに赤ちゃんが産まれた

園では飼育動物に名前が付いている。ハムスターにも名前を付けようということで，白い体をしているから“ミルクたん”にしようと子どもが考えた。となりのクラスのハムスターは，黒っぽい体をしているので“ココア君”と名前が付いた。子どもは，この２匹を時折ケースごと並べて様子を見比べたり，保育者と共に，そっと手に乗せ毛の柔らかさや温かさを実感したりして「ミルクタン」「ココア君」と名前を呼んでかわいがった。２匹は一緒のケースに入り，それぞれのクラスに遊びに行くこともあった。

夏休みに入ってすぐに“ミルクたん”が出産した。保育者は，嬉しくて子どもへの暑中見舞いのハガキに「ミルクたんとココア君の赤ちゃんが産まれたよ。かわいいよ」という文章を添えて出した。子どもからの返信には「何匹産まれたの？」「早く会いたいな」「登園日が楽しみです」という内容のことが書いてあった。

８月末の登園日には保育者は“ミルクたん”の赤ちゃんの写真を大きく伸ばし，産まれたばかりの時から数日ごとに成長が分かるようにして保育室の壁面に掲示した。その中で，“あかちゃんはまだちいさいので，ミルクたんといっしょにそーっとしておきましょう”と記し，保育室にはいないこと，職員室で預かってもらっていることを知らせておいた。子どもは，拾い読みしながら納得し，毛も目もない小さな赤ちゃんを不思議そうに見て「これが赤ちゃん？」と言っていた。“ミルクたん”と同じ色のハムスターが４匹と“ココア君”と同じ色のハムスターが２匹いたので，子どもは友だちと一緒に色ごとに数を数え「全部で６匹！」と言ったり，毛が生えた写真では「かわいいねー」と言ったりしていた。

この出産が夏休み中ということもあり，２学期には親と同じ大きさに成長してしまうので，このかわいさや成長の変化を子どもに見せたいという思いから動画も撮っておいた。登園日２日目には，２クラスのみんなで遊戯室に集まり，“ミルクたん”が子育てをしている様子を動画で見られるようにした。

子どもは，小さく細くした新聞紙とティッシュが巣箱に入れてあるのを見た。その中で，“ミルクたん”は赤ちゃんのベッドには柔らかいティッシュを選んで運んでいた。食いしん坊の“ミルクたん”が餌をほほ袋に入れては赤ちゃんのところで吐き出していた。その様子を保育者と一緒に見ながら，子どもは口々に「ミルクたんって，すごいね」「優しいね」と言っていた。

(2) ミルクたんのお話をつくろう

2学期になり，戸外で体を動かして遊ぶことも多くなってきた。室内では，絵を描くことの好きな女児数人が毎日のように絵を描いていた。保育者は，子どもが想像の世界を楽しんだり友だちとのかかわりを楽しんだりして欲しいと願い，絵本を作ることを提案してみた。八つ切りの画用紙を4分の1大に切り，最初は5枚ほどをホッチキスで留め，“本”と分かるようにして材料台に置いた。そして，子どもがやってみたいと思えるよう，保育者も1冊絵本を作ってみることにした。クラスのみんなが好きな“ミルクたん”を主人公にし，みんなが気持ちを一つにして取り組んでいる運動会のことを題材にした“ミルクたんの運動会”という絵本を描いていっ

図6－22　ミルクたんのひっこしたおうち

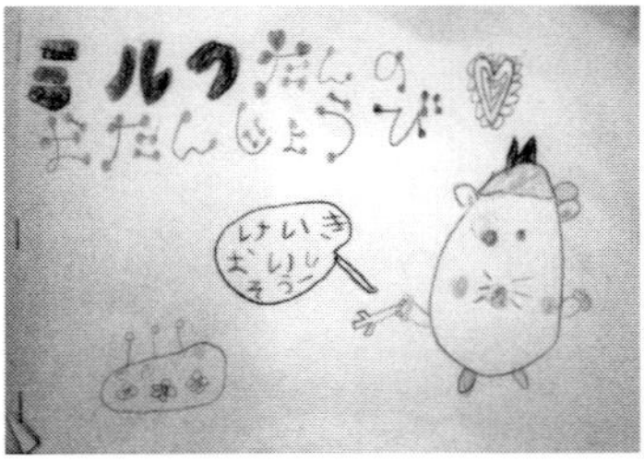

図6－23　ミルクたんのおたんじょうび

た。すると，絵を描いていた真理と麗奈がすぐに興味をもち，絵本作りを始めた。真理と麗奈は「どんなお話にする？」「ミルクたんのお話を作ろう」などと言いながら，周りの子とイメージしたことを話したり自分なりにストーリーを考えたりして絵本を作っていった。そして，真理は“ミルクたんのひっこしたおうち”を，麗奈は“ミルクたんのおたんじょうび”を作り上げると，まず自分で読み，友だちと見せ合い，保育者と共に完成を喜び合った。保育者は，せっかく作った絵本なので，しまい込むのではなく，みんなにも見る機会をもちたいと考え，真理と麗奈に相談した。そして，保育者が作った絵本と同じように絵本コーナーに置いておき，誰でもいつでも読むことができるようにしたいということになった。絵本を作っていない子も友だちの描いた絵本を読んで「本物の絵本みたいだね」と認める姿があった。

e　考察

ハムスターの入った飼育ケースを子どもの拠点となる保育室のよく見えるところに位置付け，動く様子がよく見えるようにしたことや保育者と一緒に世話をしたことは，子どもにとって，ハムスターが身近な存在となり，より親しみをもつことにつながった。また，指導計画を立てるとき，2クラスの子どもが同じようにハムスターの世話ができるようにと担任同士で十分話し合いを行い，雌雄を別にするという環境を整えたことも，雌雄の違いを分かってかわいがることにつながった。

夏休み中に命の誕生があったこともあり，保育者が写真や映像など工夫を凝らし，意識してハムスターのことを子どもに伝えていったことにより，子どもは一層感動していた。保育者の感動がそのまま子どもに伝わっていたといえる。子どもの生活の中にある動物の存在は，子どもの発見や気付きを受けとめ共感する保育者の言動により大きな意味をもってくる。子どもには，日頃から心を揺さぶるような感動体験をできるだけさせていきたい。そのために保育者の感性も磨いておきたい。

5歳児になると子どもは，発見や感動など思ったことを伝え合うことを楽しむようになる。ハムスターの飼育を通し，保育者の絵本作りという提案や環境の構成によって，子どもはハムスターへの親しみや愛情を具体的に絵という方法で表現した。子どもは自分の作ったものをロッカーなどにしまい込み自宅に持ち帰ってしまうことが多い。場合によっては発表の機会をもつこともあるが，作り終えた絵本を誰でもが手に取って見ることができるようにしたことにより，ほかの子どもが友だちのよさを知る機会となった。保育者の言動や存在は大きな環境そのものである。今回は，絵本作りという表現であったが，大きな紙に描くことであってもよいし，紙芝居のようにしてもよいし，劇のようにして体で表現することでもよい。子どもの遊びを大切にしながら，子どもがやってみたいと思えるように環境を整えていくことを心がけたい。

動物アレルギーを持っている子どもの場合，たとえケースの中にハムスターがいたとしても，細かい抜け毛等によりアレルギー症状が出てくる可能性もある。そのような場合は，クラスの子どもや園全体の子どもの健康状況を把握し，全職員で情報を共有しながら，ハムスターの飼育場所等を考えていく必要がある。

2　伝統文化に親しむ

a　活動のねらい

① 日本の伝統文化に親しむ。

② 季節ごとの年中行事に興味をもち，生活に取り入れようとする。

③ お互いを大切に思い，仲良くしようとする気持ちを身に付ける。

b　子どもの姿と保育者の願い

伝統文化に目をむけると，幼稚園教育要領や保育所保育指針における内容の取り扱いでは「文化や伝統に親しむ際には，正月や節句など我が国の伝統的な行事，国歌，唱歌，わらべうたや我が国の伝統的な遊びに親しんだり，異なる文化に触れる活動に親しんだりすることを通じて，社会とのつながりの意識や国際理解の意識の芽生えなどが養われるようにすること」と，保育における伝統文化とのかかわりについて記されている。

礼儀を重んじることが多い日本の伝統文化に親しむことは，お互いを思いやる気持ちを身に付ける一因になると考えられる。また，自分たちが生活している国や地域に対し親しみを感じ，他の国や地域の文化を理解するきっかけとすることができる。

季節ごとの年中行事や記念日の由来を知り体験することで，四季折々の季節に合わせた暮らしがあることに気付くことができる。それにより，季節感を楽しむ心豊かな生活が送れるようになるのである。季節感のある暮らしは失われつつあり，伝統文化や年中行事が，幼稚園や保育所，学校など家庭外で行う特別なものにならないようにする必要がある。そのためには，家庭や地域と連携しながら伝統文化に親しんだり，年中行事を展開したりする必要がある。

園では，日本の伝統文化や年中行事に関して，集団生活でなければ経験できないような活動を行っていく必要がある。一方で，集団の中での個人の育ちも重視していかなければならない。集団としてとらえることが多くならないよう，個人の興味関心にも配慮して，一人一人が自信をもって取り組める活動になるようなねらいを設定した。

c　展開案（5歳児　2月の茶道）

表6－10　展開案参照

d　実践記録

(1) 七夕の願い事

6月第3日曜日の父の日にちなんだ保護者参観日で，父親と一緒に七夕飾りを作っている。願い事を書く短冊は，父親の願い事を書いた短冊と，子どもの願い事を書いた短冊を製作している。父親の願いは子どもが園生活を楽しく過ごせるように願うものや，家族の幸せを願うものが多い。一方で，子どもの願いは将来の夢や何かができるようになることを願うものが多い。出来上がった短冊や七夕飾りは，父親と一緒に保育室に壁面とし

表6－10　展開案

2月　　5歳児　2月の茶道			
時間	環境の構成	予想される子どもの姿	保育者の援助
9：00	・落ち着いた雰囲気で行えるように，緋毛氈《ひもうせん》に見立てた赤色の絨毯を敷く。 ・熱湯を使用するので子どもの手が届かないところに置き，安全を確保する。 ・茶碗や茶筅《ちゃせん》など使用するものの衛生状態を整えておく。 ・お抹茶は「１」を書くように点《た》て，最後に「の」の字を書いて終わることを伝える。	・お抹茶の味やお茶菓子について友だちとお話をしながら，茶道の時間を楽しみにする。 ・お抹茶を飲むグループとお抹茶を点《た》てる子のグループにわかれ，自分たちの役割を知り期待感をもつ。 ・お抹茶の匂いを楽しみながら，お抹茶が泡立ってくる様子を不思議に思い，夢中になって茶筅を動かす。	・茶道の時間に期待を持たせるため，前回の楽しかったことを思い出せるように，子どもと一緒におしゃべりを楽しむ。 ・子どもにお抹茶を飲む方かお抹茶を点《た》てる方のどちらをはじめにやってみたいかをたずね，やってみたいという気持ちを大切にする。
10：45	・抹茶を点《た》てるグループに懐紙にのせたお菓子を渡す。	・お抹茶を飲むグループは，お友だちがやることをみて，楽しそう，やってみたいと思う。 ・ひな人形の絵が付いている懐紙を見て，ひな祭りの絵に気付いたことを友だちに伝える。 ・お抹茶を飲むグループの子どもは，お菓子や友だちが点てた抹茶の味を伝え合い，お抹茶を点《た》てるグループの子は，自分が点てた抹茶をお友だちが飲み干すことに喜びを感じる。	・後で役割を入れ替わることを伝え，どちらの役もやれることを理解しながら楽しめるようにする。 ・発見した喜びを共感し，伝えようとする姿を受けとめる。 ・ひな人形の絵が付いている懐紙を一緒に見ながら，ひな祭り茶会には保護者と一緒に茶道をすることを伝え期待感を高める。
11：00	・片づけをする。	・役割を入れ替わり，同じようにやってみる。	

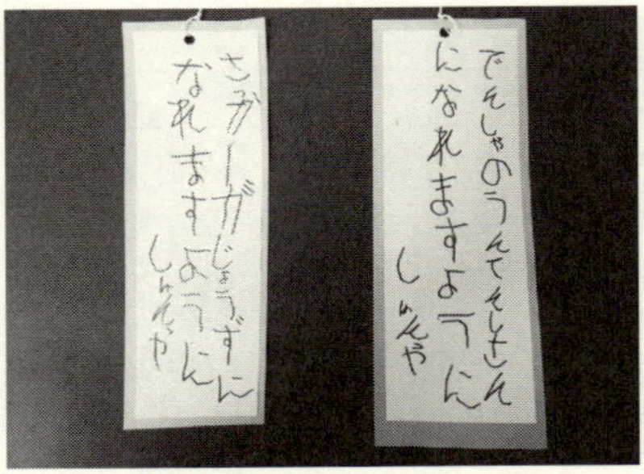

図6−24　5歳児が書いた短冊

図6−25　5歳児製作七夕飾り

て飾る。保護者参観が終わった次の登園日に，「僕のパパのお願いごとはね，ママのおなかにいる赤ちゃんが元気で生まれますように，だよ」「私のお父さんね，ケーキ屋さんになりたいって書いたんだよ，子どもなんだから」と，競い合って保育者に報告にきた。「先生，お願いごと見にきてよ」と担任以外の保育者に，自分の短冊を見るように促したり，迎えにきた母親が「パパが書いたお願いごと見せて」と子どもを誘い，保育室で子どもと一緒に，父親と子どもがお願いごとを書いた短冊を見て会話をしていた。屋外での好きな遊びの時間には，蔦《つた》の葉っぱを短冊に見立て「この葉っぱは，お願いごと書く紙ってことね」と七夕の短冊を書くことを再現して楽しんでいる姿が見られた。

七夕が近くなると，大きな笹をクラスに1本用意し，保護者参観で製作した七夕飾りをつける。そして，七夕の日の降園時に，自分の七夕飾りがついている笹を保護者に切ってもらい，家庭へ持ち帰る。

(2) 高齢者の方と節分豆まき

節分には，子どもたちが製作した鬼のお面を着けて，豆まきをする。園では，近隣の高齢者デイサービス施設の利用者の方と共に，節分の豆まきを行っている。高齢者の方は椅子に座りながら，子どもの豆まきを見る。

高齢者の方は認知症などがあるため，誤食を予防する必要があり豆まきをすることはできない。子どもには，保育者が「おじいちゃんやおばあちゃんは，お豆を食べられない人がいて，豆まきができないから，みんながお豆で鬼を追い払おうね」など，子どもに高齢者が豆まきをしない理由をわかりやすく伝えるようにしている。子どもは，高齢者に「まめまき」の歌を歌ったり，最後に鬼のお面を着けて握手をしたりするなどの交流をした。

3歳児は，鬼を怖がり豆まきの当日の登園を嫌がったり，豆まきの時に鬼の衣装を着ている職員を見て泣き出したりしてしまう子どもが数人いたが，5歳児は鬼が職員であることを知っており，職員が扮した鬼に向かって「鬼は外」といい，はしゃぎながら「先生は外」と，自分たちでイメージを広げて豆を投げていた。

3歳では節分に関して，鬼の印象が強い子どもでも，5歳児になると節分は鬼のイメージのみではなく「鬼って自分の悪い心なんだよね，ほんとはいないんだよね」と友だち同士で話し合っている姿を見ることができる。また，「お豆は食べ物なのに，どうして節分はお豆投げていいの？」と，今までは疑問に感じなかったことを，不思議に思うようになり保育者に質問をする姿があった。3歳児や4歳児に「豆まきの豆は，拾って食べたらいけないんだよ」「歳の数とあともう1つお豆食べるんだよ」と，自分が知っている節分に関する知識を年下のお友だちに伝えようとする姿が見られた。

(3) ひな祭り茶会

園では，茶道をしている学年は5歳児のみのため，子どもにとって「茶道の時間」はあこがれの時間でもある。はじめて茶道をする日には「お抹茶飲んだことある」「100回飲んだことある」など，お抹茶への期待感が高まっていることを感じ取れる発言がある。茶道を行う時には，お抹茶を飲むお客様役の子どもと，お抹茶を点《た》てる亭主役の子どもに分かれて行う。茶道

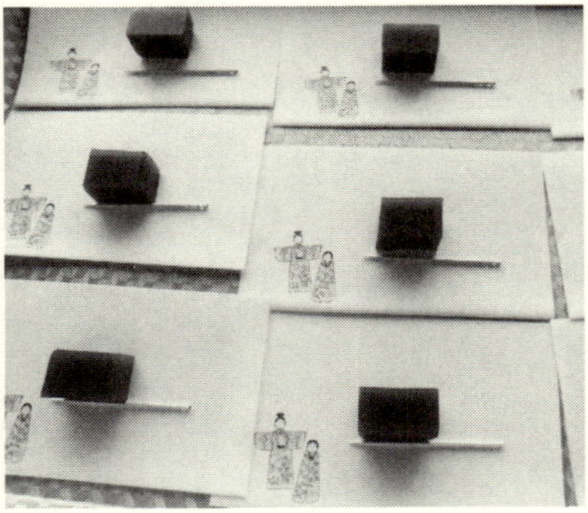

図6－26　ひな人形懐紙

の時間はおやつや給食の時間以外にお菓子を食べることができることも，子どもが楽しみにしている理由の１つである。屋外での好きな遊びの時間には，クリームなどを泡立てる泡だて器を茶筅《ちゃせん》に見立て「数字の１の字を書いて，最後はひらがなの‘の’をかいて……」と，自分でお抹茶を点《た》てる場面を再現し，仲間同士でイメージを共有しながら茶道を遊びに取り入れている姿が見られる。

茶道の最後のお稽古日には，例年ひな祭り茶会を行っている。保護者を園に招き，子どもが亭主役になり，茶菓子を保護者の前に運び，お抹茶を自分の保護者のために点《た》てる。環境構成としては，ひな祭りを楽しむことができるように，段飾りの雛人形と自分たちで作った，色紙雛を緋毛氈《ひもうせん》の周りに飾る。ひな祭り茶会では，子どもたちが「頂戴いたしますって言うんだよ」「お茶碗を前に向けないといけないんだよ」と熱心に自分の保護者にお抹茶の飲み方を教えていた。保護者は「お母さん知らないから，教えてね」と，会話をしながら，子どもが熱心に抹茶を点《た》てたり，抹茶の飲み方を伝えたりしようとする姿に成長を感じることができた。

日本の伝統文化は季節感を大切にするものが多く，茶道も季節感を非常に大切にする。茶道を通して，季節による生活の変化に興味が持てるように工夫し子どもが季節感を味わえるようにしている。季節感を味わうことができ幼稚園教育要領・保育所保育指針の「季節ごとに生活の変化があることに気付く」こともできる。子どもは，毎回異なる懐紙の柄や茶道の先生の着物の柄を楽しみにしており，「今日は10月だからなにかな？」「焼き芋だよ」「ハロウィンだよ」と自分たちで季節に関連するものを考える姿も見られた。

e　考察

5歳児になると，身の回りのことや園での生活の仕方などが身に付き，共通のルールに基づいて生活ができるようになる。また，園で最年長となり，年下の子どものあこがれモデルとなる。5歳児になるとルールやイメージを共有しながら集団で行動することができるようになるが，集団の育ちばかりを気にするのではなく，一人一人の成長発達に目を向けて，活動を展開していくことが重要である。さらに，5歳児では，小学校への接続・連携を意識し，園での生活のみで終結し満足しないように，自ら年中行事を生活に取り入れていけるようにしていく必要がある。

伝統文化や年中行事を園での活動として行う時は，家庭でできないような経験をすることが重要であるが，一方で，保育の場のみで行う特別なものにならないように，家庭との連続ができるように内容を工夫している。伝統文化に親しむ体験や年中行事を保護者と共に行うことで，伝統文化や年中行事を園で行う特別なものにせず，家庭へ接続していくことができる。そのため，七夕もひな祭りも親子が一対一でかかわることができる活動にしている。

(1) 七夕の願い事では，父親が子どものお願い事を聞き，子どもが父親の願い事を聞くことにより親子の距離感を縮めることができた。日頃，母親より子どもとかかわる時間が少なくなりがちな父親が，七夕という年中行事を通して，子どもと会話しスキンシップができるように展開した。年中行事のみが日頃の生活から浮き出てしまわないように，家庭での生活と関連させている。

集団でなければできない経験として，七夕飾りをつける時には，家庭では飾れないような大きな笹に，クラス全員で父親と一緒に書いた短冊を飾り付けている。また，七夕は笹にお願い事を書いた短冊を飾るということのみが子どもの印象に残りやすいが，七夕の由来を知ることができるようにしていく必要がある。保育実践では，ペープサート（紙人形劇）や紙芝居などを用いて子どもに伝えていることが多い。

(2) 高齢者の方との節分の豆まきは，年中行事を楽しむことのみではなく，地域との交流もねらいとしている。年中行事を行う時に，地域の高齢者と共に行うことで，日本の伝統的な行事のみではなく，自分たちが生活する地域独特の伝統的行事に親しむことができる。節句の過ごし方は，地域によりそれぞれの伝統がある。子どもは，その伝統を担ってきた地域の高齢者と年中行事を行うことにより，自分たちが生活する地域の伝統的な行事を身近に感じることができるようになる。このように，伝統文化や年中行事は，地域の高齢者との世代間交流の場としても発展させることができる。

(3) ひな祭り茶会は，日本の伝統文化に親しんだり，抹茶を飲むための作法を身に付けたりすることのみを目的としていない。千利休の「和敬清寂」の心，つまり，相手を敬い大切にし，みんなで仲良くすることも目的としている。子どもにわかりやすく説明するのならば「お友だちを大切にして，仲良く過ごす気持ちよさ」を理解するということである。自分のためにどうすればいいかではなく「友だちが気持ちよく過ごすためにはどうすればいいか」を考える一つのきっかけとなることをねらいとしている。そのねらいを達成することにより，多くの日本の伝統文化に共通している「お礼を言う」「挨拶をする」「遠慮する」「相手が使いやすいように道具を調える」ことの大切さに気付くことができると考えられる。

日本の伝統文化に親しめるような活動や年中行事は，外国にルーツをもつ子など，文化や宗教が異なる子どもに，日本の伝統文化や年中行事を強制することがないよう配慮することが大切である。そのためにも，保育者は日本の伝統文化を通して異国の文化にも理解を示し，興味をもつようにしていく必要がある。

参考文献

加藤繁美・神田英雄監修　松本博雄・第一そだち保育園編著　子どもとつくる０歳児保育――心も体も気持ちいい　ひとなる書房　2011

高山静子　環境構成の理論と実践――保育の専門性に基づいて　エイデル研究所　2014

田中真介監修　乳幼児保育研究会編著　発達がわかれば子どもが見える――０

歳児から就学までの目からウロコの保育実践　ぎょうせい　2009
内閣府・文部科学省・厚生労働省　幼保連携型認定こども園教育・保育要領 幼稚園教育要領 保育所保育指針（保育所関係資料）2017
無藤隆・汐見稔幸・砂上史子　ここがポイント！ 3法令ガイドブック――新しい『幼稚園教育要領』『保育所保育指針』『幼保連携型認定こども園教育・保育要領』の理解のために　フレーベル館　2017
吉田淳・横井一之　保育実践を支える 環境　福村出版　2010

資　料

Ⅰ．幼児教育を行う施設として共有すべき事項

幼稚園教育要領第１章第２
保育所保育指針第１章の４
幼保連携型認定こども園教育・保育要領第１章第１の３

１．育みたい資質・能力（３つの柱）
⑴　豊かな体験を通じて，感じたり，気付いたり，分かったり，できるようになったりする「知識及び技能の基礎」
⑵　気付いたことや，できるようになったことなどを使い，考えたり，試したり，工夫したり，表現したりする「思考力，判断力，表現力等の基礎」
⑶　心情，意欲，態度が育つ中で，よりよい生活を営もうとする「学びに向かう力，人間性等」

２．幼児期の終わりまでに育ってほしい姿（10の姿）
⑴　健康な心と体
　幼稚園生活（保育所）（幼保連携型認定こども園における生活）の中で，充実感をもって自分のやりたいことに向かって心と体を十分に働かせ，見通しをもって行動し，自ら健康で安全な生活をつくり出すようになる。
⑵　自立心
　身近な環境に主体的に関わり様々な活動を楽しむ中で，しなければならないことを自覚し，自分の力で行うために考えたり，工夫したりしながら，諦めずにやり遂げることで達成感を味わい，自信をもって行動するようになる。
⑶　協同性
　友達と関わる中で，互いの思いや考えなどを共有し，共通の目的の実現に向けて，考えたり，工夫したり，協力したりし，充実感をもってやり遂げるようになる。
⑷　道徳性・規範意識の芽生え
　友達と様々な体験を重ねる中で，してよいことや悪いことが分かり，自分の行動を振り返ったり，友達の気持ちに共感したりし，相手の立場に立って行動するようになる。また，きまりを守る必要性が分かり，自分の気持ちを調整し，

友達と折り合いを付けながら，きまりをつくったり，守ったりするようになる。

⑸　社会生活との関わり

家族を大切にしようとする気持ちをもつとともに，地域の身近な人と触れ合う中で，人との様々な関わり方に気付き，相手の気持ちを考えて関わり，自分が役に立つ喜びを感じ，地域に親しみをもつようになる。また，幼稚園（保育所）（幼保連携型認定こども園）内外の様々な環境に関わる中で，遊びや生活に必要な情報を取り入れ，情報に基づき判断したり，情報を伝え合ったり，活用したりするなど，情報を役立てながら活動するようになるとともに，公共の施設を大切に利用するなどして，社会とのつながりなどを意識するようになる。

⑹　思考力の芽生え

身近な事象に積極的に関わる中で，物の性質や仕組みなどを感じ取ったり，気付いたりし，考えたり，予想したり，工夫したりするなど，多様な関わりを楽しむようになる。また，友達の様々な考えに触れる中で，自分と異なる考えがあることに気付き，自ら判断したり，考え直したりするなど，新しい考えを生み出す喜びを味わいながら，自分の考えをよりよいものにするようになる。

⑺　自然との関わり・生命尊重

自然に触れて感動する体験を通して，自然の変化などを感じ取り，好奇心や探究心をもって考え言葉などで表現しながら，身近な事象への関心が高まるとともに，自然への愛情や畏敬の念をもつようになる。また，身近な動植物に心を動かされる中で，生命の不思議さや尊さに気付き，身近な動植物への接し方を考え，命あるものとしていたわり，大切にする気持ちをもって関わるようになる。

⑻　数量や図形，標識や文字などへの関心・感覚

遊びや生活の中で，数量や図形，標識や文字などに親しむ体験を重ねたり，標識や文字の役割に気付いたりし，自らの必要感に基づきこれらを活用し，興味や関心，感覚をもつようになる。

⑼　言葉による伝え合い

先生（保育士等）（保育教諭等）や友達と心を通わせる中で，絵本や物語などに親しみながら，豊かな言葉や表現を身に付け，経験したことや考えたことなどを言葉で伝えたり，相手の話を注意して聞いたりし，言葉による伝え合いを楽しむようになる。

⑽　豊かな感性と表現

心を動かす出来事などに触れ感性を働かせる中で，様々な素材の特徴や表現の仕方などに気付き，感じたことや考えたことを自分で表現したり，友達同士で表現する過程を楽しんだりし，表現する喜びを味わい，意欲をもつようになる。

Ⅱ．ねらい及び内容（領域「環境」に関連のある部分）

1．⑴　乳児保育に関するねらい及び内容（保育所）
　⑵　乳児期の園児の保育に関するねらい及び内容（幼保連携型認定こども園）

○身近なものと関わり感性が育つ〔身近な環境に興味や好奇心をもって関わり，感じたことや考えたことを表現する力の基盤を養う。〕

ねらい

①　身の回りのものに親しみ，様々なものに興味や関心をもつ。
②　見る，触れる，探索するなど，身近な環境に自分から関わろうとする。
③　身体の諸感覚による認識が豊かになり，表情や手足，体の動き等で表現する。

内容

①　身近な生活用具，玩具や絵本などが用意された中で，身の回りのものに対する興味や好奇心をもつ。
②　生活や遊びの中で様々なものに触れ，音，形，色，手触りなどに気付き，感覚の働きを豊かにする。
③　保育士等（保育教諭等）と一緒に様々な色彩や形のものや絵本などを見る。
④　玩具や身の回りのものを，つまむ，つかむ，たたく，引っ張るなど，手や指を使って遊ぶ。
⑤　保育士等（保育教諭等）のあやし遊びに機嫌よく応じたり，歌やリズムに合わせて手足や体を動かして遊んだりする。

2．⑴　1歳以上3歳未満児の保育に関わるねらい及び内容（保育所）
　⑵　満1歳以上満3歳未満の園児の保育に関するねらい及び内容（幼保連携型認定こども園）

○環境〔周囲の様々な環境に好奇心や探究心をもって関わり，それらを生活に取り入れていこうとする力を養う。〕

ねらい

①　身近な環境に親しみ，触れ合う中で，様々なものに興味や関心をもつ。
②　様々なものに関わる中で，発見を楽しんだり，考えたりしようとする。
③　見る，聞く，触るなどの経験を通して，感覚の働きを豊かにする。

内容

①　安全で活動しやすい環境での探索行動等を通して，見る，聞く，触れる，嗅ぐ，味わうなどの感覚の働きを豊かにする。
②　玩具，絵本，遊具などに興味をもち，それらを使った遊びを楽しむ。
③　身の回りの物に触れる中で，形，色，大きさ，量などの物の性質や仕組みに気付く。
④　自分の物と人の物の区別や，場所的感覚など，環境を捉える感覚が育つ。
⑤　身近な生き物に気付き，親しみをもつ。

⑥　近隣の生活や季節の行事などに興味や関心をもつ。

3．(1)　（幼稚園はこの年齢層の幼児のみを対象とする）

(2)　3歳以上児の保育に関するねらい及び内容（保育所）

(3)　満3歳以上の園児の教育及び保育に関するねらい及び内容（幼保連携型認定こども園）

○環境〔周囲の様々な環境に好奇心や探究心をもって関わり，それらを生活に取り入れていこうとする力を養う。〕（前述「1歳以上3歳未満」に同じ）

ねらい

①　身近な環境に親しみ，自然と触れ合う中で様々な事象に興味や関心をもつ。

②　身近な環境に自分から関わり，発見を楽しんだり，考えたりし，それを生活に取り入れようとする。

③　身近な事象を見たり，考えたり，扱ったりする中で，物の性質や数量，文字などに対する感覚を豊かにする。

内容

①　自然に触れて生活し，その大きさ，美しさ，不思議さなどに気付く。

②　生活の中で，様々な物に触れ，その性質や仕組みに興味や関心をもつ。

③　季節により自然や人間の生活に変化のあることに気付く。

④　自然などの身近な事象に関心をもち，取り入れて遊ぶ。

⑤　身近な動植物に親しみをもって接し，生命の尊さに気付き，いたわったり，大切にしたりする。

⑥　日常生活の中で，我が国や地域社会における様々な文化や伝統に親しむ。

⑦　身近な物を大切にする。

⑧　身近な物や遊具に興味をもって関わり，自分なりに比べたり，関連付けたりしながら考えたり，試したりして工夫して遊ぶ。

⑨　日常生活の中で数量や図形などに関心をもつ。

⑩　日常生活の中で簡単な標識や文字などに関心をもつ。

⑪　生活に関係の深い情報や施設などに興味や関心をもつ。

⑫　幼稚園（保育所）（幼保連携型認定こども園）内外の行事において国旗に親しむ。

索　引

ア行

愛着（attachment）　67
アニミズム（animism）　69, 74
アフォーダンス（affordance）　65
綾取り紐　122
アリ　80
アルミホイル（アルミ箔）　124
１歳児の保育の活動　148
移動遊具（乗用遊具）　115
ウサギ・インコ　162
雲梯　112
運動玩具　116
エリクソン　67
オオイヌノフグリ　87
お手玉　116
お餅　129
折り紙（origami）　124
恩物　120

カ行

カエル　86
学制　45
カスタネット　119
カタツムリ　82
楽器（機能遊びの遊具として）　119
学校教育法　26
家庭・地域との連携　43
カラスノエンドウ　87
カリキュラム・マネジメント　30
感覚を豊かに　16
環境（の）構成　26
玩具　111
簡単な道具　19
擬人化　74
季節行事　134
気付いたことや感じたこと　21
キックカー（コンビカー，ビーグル，足蹴り車）　115
基本的資質能力　9
基本的信頼感（basic trust）　67
牛乳パック　123
キュウリ　92
行事　43
共同注視（joint attention）　67
空気や風にかかわる遊び　96
草木染め　97
倉橋惣三　110
ゲームボックス　114
見学　49
けん玉　117
好奇心や探究心　25, 57
構成遊びの素材　122
構成玩具・素材　119
コオロギ　85
五感　16
５項目時代　47
５歳児の保育　189
固定遊具　111
異なる文化　21
独楽　117

サ行

サクラ 169
３項関係 68
３歳児の保育 162
三輪車 115
シール 124
四季の変化 14, 17
思考力，判断力，表現力等の基礎 23, 56
自己中心性（egocentrism） 74
資質・能力 56, 170
自然環境 10, 11
自然観察 49
自然の中で遊ぶ 103
自然物で作る 105
指導計画 30
死の理解 71
社会文化的環境 10
ジャム 130
ジャングルジム 112
週案 38
就巣性 63
週日案 38
小学校学習指導要領 28
植物に接し 17
食文化 128
心情，意欲，態度 23
人的環境 10
数量や図形 19
スクーター（キックボード） 116, 182
鈴 119
砂場 24
砂（場での）遊び 24, 156
砂や土に触れて 18
スプリング遊具（トロピック） 114
滑り台（スライダー） 111
生活に関連する施設 20
生理的早産 64
節分豆まき 198
セミ 83
０歳児の保育 140
選好注視 66
センス・オブ・ワンダー（sense of wonder） 73
全体的な計画 22, 24, 27
洗濯ばさみ 122
総合的指導 13
総合遊具（複合遊具） 115

タ行

太鼓橋 113
ダイズ 92
太陽，月，星座 133
竹馬（高足，鷺足） 118
七夕の願い事 196
ダンゴムシ 78, 177
タンバリン（タンブラン，タンブリン） 119
タンポポ 88
知識及び技能の基礎 23, 56
窒素・リン・カリウム 90
チューリップ 93
月の指導計画（月案） 36
積み木 120
適切な援助 26
天気の変化（天候） 19, 132
電車 126
伝統的行事（伝統文化） 20, 195
同化と調節 64
東京女子師範学校附属幼稚園 45
動物を世話 17
跳び縄（縄跳び） 118
トライアングル（三角鉄） 119

泥だんご作り　94
ドングリ　100

ナ行

ナス　92
夏野菜パエリア　108
七草粥　109
ナン　128
２歳児の保育の活動　156
二次的就巣性　63
２週案　38
二十四節気　134, 137
二足歩行　63
日案　38, 40, 41
人形類　125
年間指導計画　33
年中行事（季節行事）　49, 134
粘土　122
年齢区分　60

ハ行

育みたい（基本的）資質・能力　9, 23, 56, 170
ハムスターの飼育　189
ピアジェ　64, 74
ピーマン　92
人とかかわり共感する　20
ひな祭り茶会　199
ビニール紐　125
ファンツ　66
フープ（フラフープ）　118
深い共感性　72
複合遊具（コンビネーション遊具，総合遊具）　115
物的環境　10
ブランコ　113
プリンカップ　124
フルーツジュース　109
プレイハウス　114
フレーベル　46, 120
ブロック　121
ペットボトル　123
保育指針（1952）　51
保育所運営要領（1950）　50
保育所の運営（1954）　52
保育所保育指針（1965）　52
保育所保育指針（1990）　54
保育所保育指針（1999）　54
保育所保育指針（2008）　55
保育所保育指針（2017）　56, 110, 140
保育の理論と実際（1954）　52
保育要領―幼児教育の手びき―　48, 110
ボウルビィ　67
ボール（毬）　116
干し柿　132
ぽっくり　118
ホトケノザ　87, 99
ポルトマン　63

マ行

学びに向かう力，人間性等　23, 56
ままごと用具　126
みかんの皮のポプリ　131
水にかかわる遊び　95
水を感じる　18
身近にある草や木の実にかかわる遊び　96
ミニカー　125
ミニトマト　92
ものを作る　18
模倣玩具（想像玩具）　125
モンシロチョウ　79

ヤ行

野外で食べる 108
遊具 110
養護と教育 23
幼児期の終わりまでに育ってほしい姿 23, 56
幼稚園教育要領（等） 23, 26
幼稚園教育要領（1956） 48
幼稚園教育要領（1964） 50
幼稚園教育要領（1989） 53
幼稚園教育要領（1998） 53
幼稚園教育要領（2008） 54
幼稚園教育要領（2017） 56, 110
幼稚園保育及設備規程 46
幼稚園令 47
幼保連携型認定こども園教育･保育要領（2015） 55
幼保連携型認定こども園教育･保育要領（2017） 56, 61, 110
ヨーグルト 129
ヨーヨー 117
4項目時代 46
4歳児の保育 177

ラ行

離巣性 63
領域「環境」 24
ロールペーパー芯 123

編　者

吉《よし》田《だ》　淳《あつし》　名古屋学院大学

横《よこ》井《い》　一《かず》之《ゆき》　東海学園大学

執筆者〈執筆順，（　）内は執筆担当箇所〉

吉《よし》田《だ》　淳《あつし》　（１章）編者

新《あら》井《い》　美《み》保《ほ》子《こ》　（２章）愛知教育大学

横《よこ》井《い》　一《かず》之《ゆき》　（３章）編者

林《はやし》　牧《まき》子《こ》　（４章）愛知教育大学

石《いし》田《だ》　典《のり》子《こ》　（５章１節１～３，３節）三重大学

大《おお》橋《はし》　保《やす》明《あき》　（５章１節１～３，３節）名古屋外国語大学

奥《おく》薗《ぞの》　知《とも》明《あき》　（５章１節４）修文大学短期大学部

千《せん》田《だ》　隆《たか》弘《ひろ》　（５章２節）中部大学

冨《とみ》田《だ》　祐《ゆう》一《いち》　（５章４節）名古屋文化学園保育専門学校

櫻《さくら》井《い》　貴《たか》大《ひろ》　（６章１節）岡崎女子短期大学

木《き》本《もと》　有《ゆ》香《か》　（６章２節）東海学園大学

後《ご》藤《とう》　のり子《こ》　（６章３節）愛知みずほ大学短期大学部

神《かみ》谷《や》　妃《ひ》登《と》美《み》　（６章４節１）名古屋短期大学

木《き》村《むら》　美《み》知《ち》代《よ》　（６章４節２）前東海学園大学

杉《すぎ》本《もと》　準《じゅん》子《こ》　（６章５節１）刈谷市役所

角《かど》屋《や》　麻《あさ》子《こ》　（６章５節２）名古屋市立高田幼稚園

加《か》藤《とう》　智《とも》子《こ》　（６章６節１）愛知文教女子短期大学

金《かな》森《もり》　由《ゆ》華《か》　（６章６節２）至学館大学

新・保育実践を支える　環境

2018年2月20日　初版第1刷発行
2020年3月30日　　　第2刷発行

編著者　吉田 淳・横井 一之
発行者　宮下 基幸
発行所　福村出版株式会社
〒113-0034　東京都文京区湯島2-14-11
電話　03-5812-9702　FAX　03-5812-9705
https://www.fukumura.co.jp

印刷　株式会社文化カラー印刷
製本　協栄製本株式会社

Printed in Japan
ISBN978-4-571-11614-8
定価はカバーに表示してあります。
乱丁・落丁本はお取り替えいたします。